FILHOS DO AMANHÃ

Editora Appris Ltda.
1.ª Edição - Copyright© 2025 da autora
Direitos de Edição Reservados à Editora Appris Ltda.

Nenhuma parte desta obra poderá ser utilizada indevidamente, sem estar de acordo com a Lei nº 9.610/98. Se incorreções forem encontradas, serão de exclusiva responsabilidade de seus organizadores. Foi realizado o Depósito Legal na Fundação Biblioteca Nacional, de acordo com as Leis nos 10.994, de 14/12/2004, e 12.192, de 14/01/2010.

Catalogação na Fonte
Elaborado por: Dayanne Leal Souza
Bibliotecária CRB 9/2162

M149f
2025

Machado, Rubih
Filhos do amanhã / Rubih Machado. – 1. ed. – Curitiba: Appris, 2025.
193 p. ; 21 cm.

ISBN 978-65-250-5500-8

1. Autoconhecimento. 2. Despertar. 3. Espiritualidade. I. Machado, Rubih. II. Título.

CDD – 248.4

Editora e Livraria Appris Ltda.
Av. Manoel Ribas, 2265 – Mercês
Curitiba/PR – CEP: 80810-002
Tel. (41) 3156 - 4731
www.editoraappris.com.br

Printed in Brazil
Impresso no Brasil

Rubih Machado

FILHOS DO AMANHÃ

Curitiba, PR
2025

FICHA TÉCNICA

EDITORIAL	Augusto V. de A. Coelho
	Sara C. de Andrade Coelho
COMITÊ EDITORIAL	Ana El Achkar (Universo/RJ)
	Andréa Barbosa Gouveia (UFPR)
	Jacques de Lima Ferreira (UNOESC)
	Marília Andrade Torales Campos (UFPR)
	Patrícia L. Torres (PUCPR)
	Roberta Ecleide Kelly (NEPE)
	Toni Reis (UP)
CONSULTORES	Luiz Carlos Oliveira
	Maria Tereza R. Pahl
	Marli C. de Andrade
SUPERVISORA EDITORIAL	Renata C. Lopes
PRODUÇÃO EDITORIAL	Bruna Holmen
REVISÃO	Marcela Vidal Machado
DIAGRAMAÇÃO	Bruno Ferreira Nascimento
CAPA	Renata Micelli
REVISÃO DE PROVA	William Rodrigues

O homem vive como um pequeno peixinho em um aquário. O pobre pequenino vivia feliz em um imenso oceano, um dia o pegaram em uma rede e o transferiram para um aquário. No início ele sofria, sentia falta do mar, mas com o passar do tempo acabou resiliente, aceitando sua condição. Para cada um de nós, existe um oceano imenso de possibilidades, mas a acomodação e o medo do desconhecido em nossas mentes, nos aprisiona em nosso pequeno aquário.

(Rubih Machado)

AGRADECIMENTOS

Gostaria de agradecer a todos que de alguma forma apoiaram e fortaleceram a minha fé! Tive também ajuda de pessoas muito queridas e especiais que contribuíram para a realização deste sonho tão importante para mim. Minha amiga Rejane Bortoluzzi Beatriz Matte e meu filho Jorge Alencar, que participaram ativamente de todo este processo. À querida jovenzinha Maria Eduarda Rodrigues de Melo (Duda), que está entrando há pouco em minha história e trazendo o seu conhecimento e facilidade em resolver os problemas de imediato por meio de soluções. À minha irmã querida, Maria Machado, à amiga e professora Neiva, e a todos que sempre me incentivaram e confiaram em meu trabalho! E, para finalizar, agradeço, acima de tudo, aos meus professores espirituais, que me direcionaram mostrando o caminho! Sou eternamente grata! Grata por ser quem sou!!!

Dedico este livro aos Filhos do Amanhã. Com a certeza que servirá como uma bússola para guiá-los nessa intensa jornada planetária. Dentro das mensagens aqui contidas, trago informações e conteúdos bastante significativos, que poderão direcioná-los a um autoconhecimento mais profundo sobre quem são e suas origens. Grandes mudanças estão acontecendo, e precisamos que o despertar dessa nova era seja coletivo. Por esse motivo, dedico a vocês e aos meus amados mestres e professores espirituais. Cada palavra foi guiada, conduzida e direcionada com carinho, respeito e amor incondicional! Sou eternamente grata!

PREFÁCIO

Fiquei muito emocionada com o convite para escrever algumas palavras sobre a Rubih, sobre a sua história e sobre a possibilidade de ler em primeira mão esta obra de arte, que é o livro *Filhos do Amanhã*, e dar a minha opinião! Muito bem, vamos iniciar falando da Rubih! A Rubih sempre foi uma criança muito tímida e reservada, ela ficava sempre afastada das outras crianças, como se as estivesse sempre observando. Ela tinha algo de muito particular e único em suas pernas, coisa que nenhum médico jamais soube explicar o que era. Eram manchas roxas-avermelhadas muito fortes, não provocavam dor, mas estavam insistente e fortemente ali, como se quisessem dizer: "esta criança é especial, respeitem-na"! Lembro que eu olhava essas manchas e imaginava que fossem uma espécie de mapa-múndi. Uma mancha representava um país, outra um pedaço de mar, outra ainda, uma ilha, um morro, outra um vulcão... Eu a observava em silêncio e, com certa inveja, pensava: "*Wow*, ela carrega o mundo nas pernas, talvez por isso que ela fique sempre nos cantos nos observando, talvez se perguntando 'porque as outras crianças não podem compartilhar comigo a magnitude deste mundo?'". O tempo foi passando e depois de alguns anos, essas manchas desapareceram das suas pernas. Ela contava coisas estranhas, incompreensíveis para a garotada que estava na fase de namoricos e *rock and roll*, coisas sobre mundos a nós inimagináveis, pessoas e seres estranhos, viagens espirituais. Eu e a Rubih sempre fomos muito ligadas, ela me contava suas experiências, eu escutava com curiosidade e com certo receio. Algumas, eu tentava aplicar no meu crescimento, outras, estranhamente, eu tinha medo, para sequer tentar provar. Rubih e eu dormíamos no mesmo quarto e uma madrugada (tínhamos entre 12 e 13 anos) acordei com a Rubih sentada na cama, com uma expressão muito estranha, tipo assustada, feliz e incrédula ao mesmo tempo. E começou a me contar de uma viagem que tinha acabado de fazer à Indonésia. Eu nunca disse nada, porque fiquei sem reação, pois, no momento que ela começou a me contar, aos pés da nossa cama, apareceu um homem muito grande e robusto, mas não gordo, com uma barba muito bem desenhada no queixo, com uma expressão muito serena e doce, vestia um jaleco branco, que nos observava e com a cabeça fazia movimentos como se dissesse: está tudo bem, fiquem tranquilas (nunca mais esqueci aquele aviso). Eu estava assustada e extasiada ao mesmo tempo. Eu via esse homem e via também essa tal de Indonésia, um lugar lindo, que naquela idade, eu nem imaginava que existisse! Não! Nós não fazíamos uso de nenhum tipo de droga. A única droga que ingeríamos, quando possível, era um copo de refrigerante. Somente agora, aos 65 anos, me dou realmente conta de ter vivido histórias incríveis com a Rubih! Momentos que me levavam a mundos desconhecidos e que de certo modo me assustavam e admiravam. As histórias vividas com a Rubih são tantas que poderíamos escrever vários livros. Agora vamos falar um pouquinho sobre este incrível livro *Filhos do Amanhã!* Comecei a lê-lo e mergulhei de cabeça. Não queria mais parar de ler. Eram 3h da madrugada e eu ali, lendo e absorvendo cada frase, quando, no capítulo 29, "*puf*", a minha tela ficou completamente branca! Mexia na tela e no teclado do tablet, fechava a página, abria a página, desligava e religava o tablet, e nada! Fui dormir frustrada por não poder terminar a leitura, por ter perdido todo o e-mail, mas fui dormir, como se diz, "com a pulga atrás da orelha", pois parei em um capítulo muito intrigante sobre um assunto que eu nunca tinha parado para pensar. É claro que eu não vou trazer spoiler do livro e nem desse capítulo, assim como eu fiquei com a pulga atrás da orelha, é justo que você comece a ler o livro do início e, chegando ao capítulo 29, tire as suas próprias conclusões. É óbvio que pedi para Rubih me mandar novamente o livro e devorei ele todinho. *Filhos do Amanhã* não é um livro para ser apenas lido, é um livro para ser absorvido, pois, ao final de cada capítulo, é interessante você parar para analisar o que acabou de ler. Pois desperta muitas dúvidas e ao mesmo tempo, te dá respostas que te surpreendem! O nosso mundo anda tão maluco e nós corremos tanto que acabamos deixando de lado a fé, o amor e a empatia. Penso que talvez uma boa leitura possa nos despertar para um pouco de *relax* e, especialmente, para repescar aquela fé e esperança que estão pouco a pouco desaparecendo do nosso dia a dia. Então pare tudo. Pegue uma xícara de bom café ou chá, sente-se, desligue tudo, e comece agora a ler este incrível livro! Te desejo boa leitura e deixo um abraço com afeto!

Maria Silveira Machado
Provincia di Pavia - Itália
Youtuber do canal *Na Cozinha da Tia Ma*, e irmã da Rubih

APRESENTAÇÃO

O que me motivou a escrever este livro?

Bem, em 2014, comecei a receber informações (de meus mestres, professores) de que deveria escrever e logo me passaram o nome do livro, que eu deveria chamá-lo de *Filhos do Amanhã*.

Diziam-me que seria uma espécie de manual para eles e para que eu confiasse, porque passariam as coordenadas e me auxiliariam. Com o passar dos anos, o mundo se tornaria num lugar muito sombrio e de difícil convivência entre jovens, pais e familiares e fazia-se extremamente necessário criarmos estratégias para poder ajudá-los de alguma forma. Confesso que relutei bastante e fui empurrando com a barriga, porque sabia que custaria os meus finais de semana, já que não gosto muito da noite para escrever, e durante a semana meu trabalho como terapeuta ocupa grande parte do meu tempo.

Sei que já deveria ter começado naquela época, porém o tempo foi passando e um pouco antes, em 2018, pediram para que eu escrevesse o livro *Conduta à nova consciência*. Assim, em julho de 2019, eu me pus a escrevê-lo e acabei em alguns meses, durante a pandemia de Covid-19.

Depois disso, ocorreram várias mudanças em minha vida, uma delas foi mudar-me para outro estado. Em muitos momentos, eu não sinto que faço acontecer, sei que sou levada, guiada. Foi aí que, em 2023, entendi que não poderia mais fugir. Vendo um mundo a cada dia mais caótico, senti que minha responsabilidade e meu propósito aqui estavam gritantes em minha consciência, já que me propus a fazer e dar o melhor de mim, como ser, nesta jornada de cura e autoconhecimento.

Ao iniciá-lo, não sabia ao certo por onde, somente que deveria me permitir ser levada. Aos poucos, fui entendendo que deveria compartilhar o que havia recebido, o conhecimento. Dentro destas páginas, estou passando algumas de minhas muitas experiências espirituais, os aprendizados adquiridos e as orientações. Conforme me eram passadas, eu fui psicografando.

O conhecimento é algo que jamais deverá ficar retido ou escondido, nossas crianças e jovens precisam se autoconhecer, saber quem são, seus poderes, seus dons e suas capacidades.

Espero que muitos despertem e se reconheçam como filhos da grande fonte criadora. Que busquem a verdade e jamais se limitem.

Que os Filhos do Amanhã sejam a nova raça, aqueles que trarão a libertação por meio do autoconhecimento, da nova conduta e do amor incondicional.

SUMÁRIO

PRÓLOGO 21

1
DEFINA-ME DEUS 23

2
FILHOS DO AMANHÃ: QUEM SÃO? 25

3
PAIS E FILHOS DO AMANHÃ 31

4
BUSCA DO AUTOCONHECIMENTO 35

5
DEUS É A UNIFICAÇÃO DO TODO 37

6
MILHÕES DE MUNDOS 39

7
VIVEMOS POR MEIO DE NOSSAS MENTES 41

8
O NOSSO CORPO É NOSSO TEMPLO SAGRADO 47

9
O SEU PROPÓSITO 51

10
SOBRE O QUE VOCÊ É! 53

11
VOCÊS SÃO PURO AMOR 55

12
PEQUENOS GESTOS 57

13
VENDAS E VÉUS CAINDO 59

14
NOSSOS PAIS E ANTEPASSADOS 63

15
AS FAMÍLIAS E OS RELACIONAMENTOS 65

16
JÁ SOMOS CONTROLADOS 71

17
QUE HAJA LUZ 75

18
O EXPERIMENTO 83

19
SUA MENTE, SEU ID 85

20
A EMPATIA E A GRATIDÃO 87

21
AMOR INCONDICIONAL 91

22
GRANDES MENTES E GRANDES MESTRES 93

23
SALMO 91 95

24
A VINDA DE JESUS E A CRUCIFICAÇÃO 97

25
A REENCARNAÇÃO 101

26
VIVEMOS EM UM LOOPING 105

27
CAMINHO EVOLUTIVO 111

28
SOMOS ENERGIA, FREQUÊNCIA E VIBRAÇÃO 113

29
A BÍBLIA E O APOCALIPSE 119

30
QUEM SÃO "ELES", OS CONTROLADORES 121

31
AGENDA 2030: A NOVA ORDEM 125

32
RAÇAS ALIENÍGENAS 129

33
MUDANÇA DE CONDUTA 133

34
O ECLIPSE 137

35
MUNDO ADORMECIDO 141

36
PALAVRAS TÊM PODER 143

37
A TEORIA DO CENTÉSIMO MACACO 147

38
NOSSAS MENTES SÃO TELEPÁTICAS.. 149

39
OS VÍCIOS HUMANOS 151

40
TODOS SOMOS ANJOS.. 153

41
QUEM FOI MARIA MADALENA.. 159

42
A GLÂNDULA PINEAL 169

43
MERKABAH... 171

44
O PODER DAS CORES.. 175

45
REIKI: ENERGIA VITAL 179

46
CONSCIÊNCIA: A GRANDE ALQUIMIA 183

47
DESPERTANDO O COCRIADOR... 187

48
DECRETOS E ORAÇÕES DIÁRIAS 191

PRÓLOGO

Podemos criar um novo mundo a partir das nossas mudanças de atitudes e pensamentos. Energias e pensamentos criativos formam novas ideias e a criação traz as mudanças. Podemos sonhar sim, com um mundo melhor para nossos filhos netos e descendentes. Mas não basta apenas sonhar, devemos fazer muito mais do que isso. É fundamental gerar a ação, arregaçar as mangas e ir à luta. Criar metas, pontes, caminhos e o que preciso for para mudar o futuro. Saindo do ponto zero e formando um grande espiral de luz ao redor do planeta. Unindo as melhores e maiores mentes criativas para que, juntas, construam um novo amanhecer por meio dos Filhos do amanhã. O propósito é guiar esses pequenos guardiões que serão a nova raça. Aqueles que já estão aqui e os que ainda virão.

Nosso dever é ajudar e os conduzir para que compreendam seus papéis futuros. Eles serão bem mais evoluídos à medida que forem orientados e guiados. E é por esse motivo que todos nós temos de estar cientes de nosso papel aqui. Precisamos nos ver com mais amorosidade e respeito por quem somos, pois quando entendermos realmente a grandeza do todo, conheceremos um pouco do criador; que ele criou o homem e tudo o que há e que somos a consciência do mais puro amor. Infelizmente, revidamos e nos ferimos uns aos outros o tempo todo gerando energias tóxicas por meio de pensamentos negativos. Sem perceber, envolvemos tudo e a todos ao nosso redor, em uma grande massa de vibrações densas e frequências destrutivas. E por breves momentos, por vezes, nós questionamos: Como será o futuro de nossos filhos e netos, das gerações que estão por vir? O que será do nosso amanhã? O homem como filho da criação recebeu todos os dons para a sua autocura e preservação. Mas infelizmente o conhecimento de sua verdadeira história e origem foi manipulada. Seus dons e capacidades retirados de seu DNA. Isso fez com que o ego o dominasse, e por esse motivo milhões de vidas até aqui têm sido sacrificadas em nome de suas conquistas. Acabamos esquecendo de olhar para o outro e sentir a dor do outro. A compaixão, o amor e a consciência já não têm mais importância, contanto que haja progresso, sucesso e bens materiais. O mundo está um caos e é urgente e de suma importância que busquemos a mudança. Infelizmente, não podemos mudar o passado, mas podemos melhorar o futuro por meio de nossas crianças, adolescentes e jovens.

Nosso planeta é a nossa casa e todos temos a responsabilidade de deixar para eles um mundo melhor. Nosso legado aqui deverá ser reinventar a nova terra com valores reais e verdadeiros. Tudo começa do ponto zero e dentro de cada um de nós. Esse espiral deverá ser de amor, pois ele é a maior onda de energia em movimento!

1

DEFINA-ME DEUS

Quem é Deus?

Deus não é, ele sempre foi e sempre será! Não há algo ou alguém que possa verdadeiramente defini-lo. O que sabemos é que ele é o grande sopro da vida e de tudo que há. Simplesmente existe para aquele que crê. Vamos então defini-lo Vida, pois que palavra melhor caberia?

No início não havia nada. Apenas silêncio, vazio e escuridão. Mas, ao acordar de seu mais profundo estado de plenitude, em seu primeiro grande suspiro, houve a explosão da vida, a criação!

Sua lei natural é nascer e morrer, depois renascer outra vez. A cada inspirar e respirar. Se é que possamos de alguma forma defini-lo, a vida é o sopro incessante de Deus.

Para defini-lo melhor, vamos falar do sentimento humano mais profundo, o amor. O verdadeiro amor incondicional. Aquele que está em todas as coisas belas que vemos, ouvimos ou sentimos quando nosso coração se sente pleno e repleto de Deus. Aqueles momentos em que a frase ou sentimento surge em nossos corações e mentes.

Isto é, isso foi Deus! E, se finalmente buscarmos conhecê-lo mais profundamente, conheceremos a nós mesmos.

2

FILHOS DO AMANHÃ: QUEM SÃO?

Os verdadeiros filhos do amanhã são aquelas sementes das estrelas, que permitem que seus corações se expressem. Curando e sendo curados, abrindo-se e permitindo-se. Abrindo-se para os novos tempos. Esse novo tempo em que não haverá mais falta, medos ou dor. Onde todos poderão vibrar e se conduzir por meio das frequências do amor. Filhos do amanhã, vibrem na luz e deem cores ao novo tempo. As cores transmutam, elas têm sintonia, têm vibração. Vocês é que irão colorir o novo mundo com suas cores mais vibrantes e brilhantes.

Quando ouvimos o coração, a alma transpira amor. O amor será a luz que moverá o mundo. Sejam música, sejam cores, sejam luz, sejam amores. Inspirem, inspirem-se, inspirem o mundo. Sejam o Sol que aquece, sejam luz que brilha, sejam o amor que enaltece. Sejam a paz no mundo, vibrem na paz!

Pois o mundo não será como antes, não para aqueles que vibrarem na frequência da luz, do amor e da compaixão. Aqueles que buscarem e vibrarem na sintonia e frequência de Cristo alcançarão níveis de alta dimensão. Sejam parte da mudança, sejam vocês a mudança. O mundo precisa de atitudes e gestos de paz.

Como filhos do amanhã, vocês estão aqui para compartilhar seus melhores e maiores sentimentos e conhecimentos a nós, humanidade. Desperte! Descubra a sua verdade. Entenda o poder de mover o mundo que há em você! Chegou a hora de reconhecer-se.

Abra os olhos para o novo mundo. Deixe o amor entrar em seu coração, assim como o Sol entra pela sua janela. Quando vocês se permitirem serem tocados pela verdadeira frequência do amor incondicional, entenderão a força que os moverá a vida como um todo. Entenderão a grandeza e a gratitude do viver não somente pelo viver, mas sim pelo propósito de estar aqui.

O propósito de doar e compartir com o próximo o melhor que tiver em você. Seja conhecimento, algo que jamais deverá ficar retido ou escondido, mas sim compartilhado. Seja o dom da palavra, a arte, a música, a dança, não importa. Apenas passe adiante aquilo que tiver de melhor. E, quando finalmente começar a partilhar, irá receber também inúmeras avalanches de bençãos. Vai entender que o amor é a maior energia em movimento.

E quanto mais movimento, maior o avanço e o retorno para nós. Só existe uma escolha, ou vibramos nas frequências positivas, que são a frequência da elevação, do amor, do novo mundo, ou vibramos nas baixas frequências das trevas, das dimensões inferiores de dor e sofrimento.

Vocês, filhos do amanhã, estão aqui para transformar a dor em cura e em amor. Para trazer a luz aos olhos daqueles que não querem ver, para aliviar e trazer a fé aos corações que sofrem, corações oprimidos e vazios, alentar as almas e fazer sorrir aqueles que choram.

O caminho mais valioso aqui na Terra é que vocês esparramem suas sementes por onde passarem. Esse sim é o maior propósito que devem ter. Se os novos pais soubessem a benção e ao mesmo tempo o dever que têm ao receber novas crianças em suas vidas! A sua grande responsabilidade será guiá-las, conduzi-las e educá-las. Elas virão muito fortes, porque precisarão dessa força (referindo-me às suas personalidades). Carregam bagagens de autocomando mental e conhecimentos infinitos, mas seus cuidadores terão de ajudá-las a despertar. Se não receberem cuidados, dedicação e orientação, não saberão cumprir seus propósitos aqui e infelizmente será como uma linda árvore sem frutos.

Por isso, pais, fiquem atentos aos seus filhos. Procurem entender qual mensagem eles trazem. Tomem, mais do que nunca, muito cuidado com remédios, a alimentação, os níveis de informações e pessoas que chegarão até eles. Os planos superiores estão de todas as formas tentando nos acordar, nos ajudar. Por isso estão enviando para nós, seus melhores e mais sábios, também mais inteligentes, para que nos despertem e para que possam trazer uma nova consciência à Terra.

Este planeta precisa passar por grandes mudanças. É necessário que ele seja regenerado e curado. Milhões de batalhas estão sendo travadas para que isso aconteça. Deverá ser uma nova Terra, por isso exigem grandes e urgentes mudanças. Desde a origem do homem, a verdade sobre os seus ancestrais, todo o conhecimento retido, escondido e nunca revelado. Aqueles que entenderem um pouquinho de tecnologia entenderão a pontinha do iceberg, como funcionam e agem suas mentes e corpos. Já perceberam há quantos séculos os homens pesquisam seus corpos, órgãos e mentes? O quanto o criador os fez complexos para que não pudessem ser manipulados?

Tudo, absolutamente tudo, dentro e fora de você, tudo tem vida, vibra e existe. Se a grande fonte criadora é consciência divina, o pai que nos fez à sua imagem e semelhança também nos deu consciências infinitas. O que temos de fazer é buscar trabalhar por meio de nossas mentes a abertura, a passagem para que possamos acessá-las e, assim, compreendermos um pouco da grandeza e o entendimento da existência de Deus. Toda esta complexidade do homem é o que o faz tão infinito e próximo a ele.

A questão é: paramos para nos reconhecer? Estamos sempre tão iludidos e tolos com o supérfluo, aquilo que está fora. O carro novo, a casa, as viagens, o que postar nas mídias que ganharão novas curtidas. Não queremos parar para pensar no que está mudando e acontecendo ao nosso redor ou em nós mesmos. Continuamos alienados e presos a nossas mentes e ao controle. Toda essa manipulação externa faz com que o homem esqueça sua conduta, os valores reais, perca sua dignidade e sua luz. Ele, ao formar-se, faz seus juramentos de lealdade ao próximo, diante da Bíblia Sagrada, mas ao passar do tempo esquece e, na maioria das vezes, quebra todos os seus paradigmas por seus interesses e valores materiais. O médico que jura salvar vidas, o advogado que se propõe a fazer justiça, o professor em seu verdadeiro propósito, que é ensinar. Em toda e qualquer área de nossas vidas, aqui temos e deveríamos ter, sobretudo, o dever de contribuir e compartilhar para o bem da humanidade e o bem maior do próximo.

Deus criou a polaridade, para que soubéssemos discernir o certo e o errado. Os filhos do amanhã deverão ser aqueles que trarão a grande onda de uma nova conduta e consciência aos homens. Seus propósitos são trazer bagagens de conhecimentos e tecnologias para as curas, autoconhecimento e elevação das mentes humanas. Sabedoria! O que fará com que todos os seres evoluam para uma nova raça. Mas isso somente será possível por meio do acesso de suas consciências, algo muito maior, algo que ativará o princípio do homem, o verdadeiro amor incondicional. Para que sejam ativadas suas mentes, precisarão ser disciplinados e conduzidos por amor, verdade e justiça.

O papel de seus genitores será ensinar-lhes o grande sentido da vida, da família, da fé, compaixão, perdão e empatia por si e pelo seu próximo. Alguns deles já estão vindo com suas consciências tão despertas que dificilmente serão manipulados, mas de alguma forma sempre, até que cresçam, precisarão de bons cuidados e atenção para que não se percam. Pois serão eles os futuros juízes, cientistas, médicos, advogados, entre tantas outras profissões que irão transformar e mudar a nova Terra.

Estas crianças, muitas chegam pela primeira vez, por isso há dificuldade de adaptação. Às vezes suas frequências são muito elevadas e acontece um grande choque de realidade em suas consciências. Pensem nos grandes índices de autismo. Eles ainda estão buscando se reconectar com este novo mundo, estas novas ondas de frequências muito baixas.

Por isso se irritam tão facilmente. Somente pais muito evoluídos entenderão como lidar e os ajudarão em sua jornada, terão resiliência, fé e amor para o despertar de seu filho. São seres amplamente evoluídos, mas não conseguirão fazer isso sozinhos. Será necessário muito entendimento e ajuda.

Vocês verão também grandes dificuldades na alimentação. Alguns tipos de alimentos irão provocar alergias e mal-estar, muitos deles irão rejeitar certos tipos de alimentos. Não será fácil entendê-los. Em alguns momentos eles irão surpreendê-los com suas palavras e conhecimento.

Os filhos do amanhã serão os guardiões da nova terra. Eles estão vindo de várias dimensões do universo, cada um com algum tipo de conhecimento. Alguns na tecnologia, outros nas curas, na medicina, nas leis, na ciência e tantas e tantas outras áreas que precisam evoluir. Eles estão vindo para trazer a grande consciência e despertar, mas isso somente irá acontecer se seus cuidadores os ajudarem na jornada, espiritualidade e ciência.

Meus queridos filhos, vocês precisam primeiramente entender que espiritualidade e ciência andam lado a lado. É essencial reconhecê-las de forma indivisível entre si. Atualmente alguns médicos e cientistas, entre outros, depois de tantas pesquisas e estudos, têm chegado a conclusões importantes sobre isso. Por exemplo, ao verem curas inexplicáveis, foram feitas muitas pesquisas em alguns hospitais, onde um grupo de pessoas orava por doentes graves, enquanto outro grupo grave não recebia as orações, e a resposta foi surpreendente aos que receberam. Alguns deles tiveram uma melhora muito significativa. Milhões de pessoas no mundo vivem curas inexplicáveis por meio da fé.

Religiosidade, ciência, poder da mente ou fé. Existem tantos mistérios, tantas coisas e aprendizados que nós, pequenas crianças, precisamos nos permitir aceitar como parte do que somos ou de quem somos. E é por isso que esta nova raça de avatares, filhos do amanhã, está chegando. Pois muitos deles trarão o verdadeiro conhecimento sobre a medicina e a ciência. Aos poucos, serão quebrados muitos paradigmas. A nova medicina tornar-se-á totalmente humanitária, altruísta. Será exercida por meio de amor verdadeiro, doação. Todos os estudos nessa área sofrerão um impacto grandioso como um grande salto quântico. O homem não verá mais a medicina como ciência somente, ela se abrirá para a espiritualidade e muitas outras técnicas de curas voltadas para o bem-estar.

As próprias escolas e faculdades se abrirão para este novo mundo. O médico aprenderá como trabalhar seu corpo áurico, para atender o seu paciente. Os homens entenderão que suas curas e conexões com o próximo serão maiores e mais imediatas ao se reconectarem com sua divindade. Medicina será somente dom ou propósito, pois será necessário muito autoconhecimento, empatia e doação para exercê-la. Assim como a maioria das profissões passarão por transformações. Filhos do amanhã, caberá fortemente aos seus pais e cuidadores todo o entendimento e direcionamento.

O caminhar dessas crianças será mudar todo um processo cármico que a humanidade vem arrastando por séculos e séculos. Nosso planeta precisa de cura e regeneração, para que possamos ascender. Esta ação está totalmente voltada para as nossas atitudes conscienciais perante o próximo e nós mesmos. Somos todos responsáveis e temos de entender o nosso propósito aqui. Os filhos do amanhã precisarão assimilar suas ideias e propósitos por meio de pais conscientes e presentes. Todo o processo da transformação humana está dentro de si.

É preciso que todos se unam na mesma frequência, para que consigam acessar e virar a chave da sua nova consciência. O propósito dos filhos do amanhã! Eles vêm para cá com valiosas informações. Eles vêm para ajudar a despertar todos os mecanismos e travas impregnadas em nossas mentes.

Mas também eles, se não receberem o devido cuidado e atenção, cairão na armadilha da condição humana.

3

PAIS E FILHOS DO AMANHÃ

O verdadeiro pecado do homem não é sua nudez, seu corpo ou sua sexualidade, mas a forma como lida ou sempre lidou com ela. Vejam os animais, agem de forma totalmente natural. Não se escondem por meio de roupas e artefatos. Deus os criou para serem perfeitos, puros, íntegros e vocês criaram os medos de tudo que existe, inclusive da morte.

Ele criou corpos perfeitos e vocês os adoeceram, os impregnaram, permitiram que suas mentes fossem invadidas e elas geraram o caos. Assim como os animais e pequeninos não sentem vergonha de seus corpos, não se perguntam sobre a morte ou para onde vão. Infelizmente, à medida que crescem, são condicionados ao sistema por seus pais.

Ao invés de lhes ensinarem o quão perfeitos são suas capacidades e mentes, conhecem o medo, a vergonha e a ira de Deus. Que Deus seria este que pune ou prejudica seus filhos, sua criação? É certo que dentro da polaridade criada por ele devemos discernir o certo e o errado, com cuidado, conduta e disciplina, para assim passarmos o conhecimento. E se desde os seus primeiros passos seus pais os ensinassem a conhecerem seus corpos e como eles funcionam? E se, a cada ano de vida, entendessem as mudanças físicas que ocorrem em seus órgãos e os cuidados que devem ter?

Amor, respeito e gratidão por serem quem são. É claro, cuidando também de toda uma conduta mental, não só a matéria, mas também a mente. Um pequeno ser, que desde cedo se autoconhece, será alguém evoluído que ajudará muitos outros pelo caminho. É uma pena que seus pais não tenham mais tempo. Querem dar o melhor para eles e pensam que o melhor é a melhor casa, melhor escola, melhores amigos, mas esquecem o mais importante: dar-lhes o seu tempo e orientação. Na verdade, muitos deles também não tiveram isso e estão repassando o que receberam. Hoje, pela grande falta de tempo e conhecimento entre pais e filhos, o planeta está se tornando um lugar sombrio e quase inabitável. Os pais, para terem seu espaço e seu tempo, trabalham demasiadamente, jogam seus pequenos em frente às mídias, permitindo que eles aprendam o que há de pior na escória da humanidade.

Aprendem que o corpo deve ser sensualizado como objeto de poder, que sua sexualidade pode ser comprada ou vendida, que suas mentes podem entrar em transe psicodélico e experimentam novas sensações por meio de todos os tipos de drogas, álcool e vícios. A dura realidade é que seus pais nem sequer percebem que estão perdendo seus filhos, suas crianças. Se um pequenino desde cedo conhecer sua mente, seu corpo e seu espírito, saberá que são uma unidade inseparável que o levará à evolução da consciência e, assim, ao criador, entenderá seu propósito aqui. E que todo esse caminho a ser percorrido será guiado por seus corações e sua conduta de amor.

Pais, muito cuidado com os tipos de alimentos que seus filhos podem estar ingerindo. Atualmente muitos médicos, nutricionistas e as mídias têm falado a respeito dos açúcares, das farinhas e do glúten, do quanto eles estão envenenando nossos corpos. Todos eles altamente inflamatórios, o que acaba nos deixando irritados, ansiosos e estressados. Especialmente nossas crianças, que acabam consumindo os piores venenos, partindo para os refrigerantes, biscoitos e salgadinhos industrializados. Infelizmente esses venenos desde cedo irão modificar seus genes e seus órgãos físicos, despertando futuras doenças em seus corpos. E no dia a dia fazendo-os sentirem-se fadigados e por vezes têm insônia e depressão. Assim como esses tipos de alimentos artificiais somente trarão doenças, existem aqueles que são fundamentais e saudáveis para o corpo e a mente de seu pequeno desde cedo. Conduta e disciplina alimentar são e serão indispensáveis para as futuras gerações. As frutas, as verduras leguminosas, a água natural e tantos outros alimentos saudáveis encontrados na natureza é que irão contribuir para a saúde física, o desenvolvimento, equilíbrio e bem-estar de todos. Pais, penso que já estão até acostumados a ouvir diariamente nas mídias, por aqueles que estão trabalhando incansavelmente para este despertar! Existem os dois lados, é claro, um tentando acordar a humanidade e o outro trazendo para crianças e adolescentes todos os tipos de produtos e alimentos negativos e cancerígenos para o corpo e a mente. Outro exemplo altamente tóxico para os seus filhos são os jogos virtuais e muito cuidado também com alguns tipos de desenhos para os pequeninos. Vamos falar primeiramente no perigo e veneno para as mentes de seus adolescentes e jovens. Será que vocês têm ideia do estrago que fazem aos seus neurônios essas informações de tamanha agressividade, por horas e horas invadindo seus campos neurais e seus corpos físicos e sutis? Se pudessem imaginar o quão destrutivo é para suas vidas! Não é à toa que hoje vemos crianças jovens e adolescentes invadindo escolas com armas, causando tragédia, medo e destruindo vidas. Esses tipos de jogos assassinos criam uma espécie de adrenalina e prazer maligno. Eles já não sabem ou não conseguem distinguir o real do imaginário. Muitos pais sequer fazem ideia do mal ao jogarem em suas casas, incentivando muitas vezes seus filhos adolescentes. Reflitam! O que esperam de seus filhos, netos e das gerações futuras se os incentivam a caminhos destrutivos? Ao usarem esse tipo de ensinamento não será a melhor escola, nem todo o seu dinheiro salvará a mente de seu filho. Sem contar energética e espiritualmente todo o mal que reverberara em suas casas, nos corpos e nas mentes de todos que nela convivem. Infelizmente os conduz aos mais baixos níveis de frequência. E sobre os pequeninos e as mídias dos desenhos, é outro alerta extremamente delicado. Apelo aos pais que prestem atenção em suas crianças e no que estão assistindo! Quais informações estão chegando a elas! Algumas podem parecer inocentes, mas trazem mensagens subliminares. Algumas são agressivas, incentivando seus filhos a magias, feitiçarias e rituais, a ferirem-se e ferirem outras pessoas e seus bichinhos. É muito triste e assustador vermos o atual mundo que rodeia nossos jovens e crianças, os filhos do amanhã! Por isso é que precisarão de pais presentes, incansáveis e vigilantes. Pais, vocês precisam estar cientes e preparados, sabendo que filhos são como dádivas, mas também grandes responsabilidades. Ao invés de dar a eles um celular ou deixá-los expostos as mídias, deem a eles o máximo do seu tempo e um animalzinho de estimação. Ele os ensinará a amar. Irá acalmá-los e diverti-los ao mesmo tempo. Os bichinhos são como anjos enviados para nos proteger e nos amar incondicionalmente. Outra sugestão que eu gostaria de passar a vocês, pais: incentivem seus pequenos desde os primeiros anos a meditarem. Entre seus três a quatro anos a criança já passa a ter uma percepção de seu mundo. A partir dessa idade, já podemos ensiná-los a aquietarem suas mentes. Sentarem-se, fecharem os olhos em silêncio e prestarem atenção somente nos sons da natureza. Em cada ruído e canto dos pássaros. Procurarem ouvir também as folhas das árvores saltitantes ao balançar do vento em seus galhos. Escutarem o movimento e o canto das águas. Olharem para dentro de si com os olhos internos da alma e ouvirem a batida do seu coração. Faço-os tocarem na terra e sentirem seu cheiro, tocarem as flores e plantas, sentindo também a energia e a vibração que elas emitem. Faça-os sentirem-se parte do todo. Ensinem e incentivem-nos a amar e dar graças a cada pedrinha que pisarem, a cada grão de areia que tocarem. E, finalmente, ensinem-lhes que todas as coisas estão vivas e são importantes. Que estamos todos conectados uns aos outros, que somos parte da pedrinha, das folhas, do vento e de todas as coisas. Que somos todas as pequeninas células dentro da grande célula-pai! O grande Criador! Se puderem, criem seus filhos longe das grandes cidades. Refugiem-se na natureza. Assim, eles poderão conectarem-se com suas essências sem esquecerem quem realmente são, afastando-se de vícios e ilusões das grandes metrópoles.

O maior pedido de Cristo e de todos os mestres ascensos, dos celestiais, é: despertem, despertem enquanto ainda há tempo e ainda não perderam totalmente suas consciências. Enquanto ainda não se tornaram totalmente adormecidos. Ainda há tempo para ascenderem, saírem de suas mentes aprisionadas e encontrarem o caminho de volta para casa.

4

BUSCA DO AUTOCONHECIMENTO

Filhos e filhas do amanhã, busquem e pratiquem o autoconhecimento, vocês só encontrarão a libertação por meio dele. Ele chegará de várias formas até você, esteja aberto aos sinais. Dei a vocês muito mais dons e capacidades do que possam imaginar, mas precisam parar para se ouvirem.

Este domo deveria ser uma escola, não uma prisão, mas infelizmente houve uma grande batalha e disputa espiritual. Desde o momento em que você recebe um registro, um código, uma estatística, torna-se mais um escravo do controle. Todas as suas ações aqui são controladas por "eles". Acredite, a cada passo que dá, a cada filho seu que nasce, você jamais irá além do domo, além da sua mente. Sim, porque nela também existe um controle, ou pensa que aqueles pensamentos estranhos que surgem são realmente seus? Seus medos de adoecer, a raiva inesperada ou tristezas inexplicáveis. Eles invadiram e assumiram o controle de tudo, inclusive de suas mentes e cada vez que percebem que vocês estão despertando criam vírus, doenças ou guerras para exterminar a grande parte e assim também não perderem o poder e o controle. Mas o que eles mais temiam está acontecendo, as verdades estão surgindo, véus estão caindo. Por meio do autoconhecimento vocês estão despertando e eles vêm temendo a grande rebelião da raça humana. Eles temem o meu retorno, pois eu sou o caminho, a verdade e a vida do grande despertar!

Eu, Cristo, e uma grande massa espiritual estamos há muito trabalhando para que este grande despertar aconteça, somente assim poderemos libertá-los. Meus queridos filhos, me entristece dizer que muitos, pelas fraquezas humanas e de suas mentes, perderam o controle e uniram-se a eles. Desejamos muito que o maior número possível de vocês possa se libertar e, assim, ascender.

Queridas crianças, filhos do amanhã, muitos de vocês estão vindo para cá como voluntários nesta grande jornada. Estão chegando para ajudá-los, resgatá-los. Para trazer mudanças significativas, não devem esquecer de seus verdadeiros propósitos. Por isso precisam manter suas consciências despertas. Percebam o quanto eles estão tentando dificultar o caminho evolutivo de suas crianças, tentando impor novos conceitos e ideias desde cedo. O despertar da sexualidade. Se comerem uma fruta verde, irão passar mal. Para tudo foi dado o seu tempo. Os que já estão e os que ainda chegarão são muitos. Todos vocês, os novos seres, os filhos do amanhã, trazem consigo uma grande bagagem de autoconhecimento e é isso que "eles" temem, por isso querem destruir a mente dos pequenos, impregnando informações dolorosas e destrutivas para o seu crescimento e seu futuro.

5

DEUS É A UNIFICAÇÃO DO TODO

Ele é presente e consciente em todos os níveis, tempos, dimensões e realidades, em toda a consciência manifestada, pois é a consciência universal. Deus é a unificação do todo!

Ele é presente e consciente em todos os universos, tempos, dimensões e realidades.

Em toda a consciência manifestada, pois ele é a consciência universal!

6

MILHÕES DE MUNDOS

Existem milhões e milhões de mundos ou galáxias e planetas, túneis, portais desconhecidos, descendências, vibrações, criaturas e seres. O maior dos dons que Deus deu ao homem foi o dom da criação.

· Existe a mente bondosa, criativa e criadora e a mente destrutiva, má e aniquiladora. Como tudo na criação existe o positivo e o negativo, criado também por Deus. A polaridade não tem a intenção de criar o caos, e sim o equilíbrio.

Acontece em alguns mundos a quebra deste, gerando o absoluto caos. O grande criador cria e recria ininterruptamente. Tudo que morre renasce, torna-se vida, pois ele é a própria vida, tudo ou todo aquele que destrói o belo, e a vida torna-se caos. Ele é o começo, o meio e o fim. Mas nunca haverá o fim, pois ele é e sempre será o princípio de tudo. Eu sou a vida! Sou a criação!

Meus filhos, vocês precisam entender verdadeiramente quem são ou o que são. Vocês são seres que vivem por meio de suas mentes. Sim, isso mesmo, vocês criam seus mundos e conflitos, dores, alegrias e tristezas.

Perderam-se e estão a gerar um grande caos. Dei poderes de curas infinitas, assim como de criação e beleza. Aprendam a equilibrar as suas frequências.

7

VIVEMOS POR MEIO DE NOSSAS MENTES

Com um sorriso ou alguns pequenos gestos de carinho e atitudes, podemos facilmente contagiar o lugar onde vivemos, trabalhamos ou onde estamos. Apenas com pequenos gestos, palavras e pensamentos. Da mesma forma que somos capazes de harmonizar e alegrar, também somos capazes de baixar as frequências. Vibramos e irradiamos tudo o que sentimos, criamos uma atmosfera de energias densas e pesadas no lugar ou em tudo que tocamos. Pensamentos e palavras são ondas de frequências, tocando tudo ao nosso redor.

Vivemos por meio de nossas mentes. Podemos entrar em um lugar sombrio, triste e escuro e enchê-lo de luz ou, ao contrário, transformar um lugar iluminado e alegre em trevas e escuridão, somente com nossa vibração. Somos o que emanamos. O desafio diário é não deixar ir nosso verdadeiro eu, não nos desligarmos de nossas consciências infinitas, que nos religam a Deus. Muitos se perguntam qual a diferença entre a consciência e a mente. A mente é onde estamos, dormimos e acordamos, em nossos milhões de ideias e pensamentos, sentimentos e ilusões. Mas nossa consciência é a eternidade de nós. Nosso corpo envelhece, adoece e morre. Nossa consciência é o que somos e quem somos. Ela carrega as informações de nossas infinitas idas e vindas. Ela é a conexão com o tudo e com o todo. A mente nos limita, a consciência nos eleva. Para que possamos alcançá-la, precisamos ultrapassar nossas mentes. Se você olhar ao redor, parar e entender que tudo está ressoando, vibrando, tudo, absolutamente tudo, está em movimento e que a sua vibração se mistura com o todo, alinhando-se a ele, terá a percepção da sua consciência imortal.

E quando finalmente conseguir acessar sua consciência universal, vai entender seu propósito, sua missão. Reconhecerá a imensidão do universo e que existem milhões de irmãos planetários em outras galáxias, universos e dimensões. Muitos evoluídos, pois já aprenderam a lidar com suas consciências críticas. Entenderão que cada ser é único e belo, mas que ao mesmo tempo ele é o outro e o todo. Eles vivem em prol do bem e do amor. Já não há apegos nem disputas ou necessidades. Apenas a felicidade e o amor ao servir.

Mas, assim como nós, existem ainda raças involutivas ou buscando o caminho da evolução. Quando falo em andar em círculos, quero que entendam, prestem atenção! As informações que chegam a vocês diariamente pelas mídias são repetitivas. Poucas são reais ou verdadeiras. Notem a política, eles mudam o texto, mas o conteúdo fica sempre parecendo o mesmo. Também acontece com os alimentos, em um dia é excelente e no dia seguinte torna-se cancerígeno ou algo assim. E o que dizer das religiões? Onde há disputa, não há amor e onde não houver amor, não existirá Deus. Acordemos urgentemente!

O mundo não será melhor se mudarmos de país, de casa ou de religião. Não é sobre ser melhor, mais rico ou poderoso. Conhecer os poderes da mente vai além, muito além de tudo isso. O que precisamos e devemos é aprender e ensinar a nos religarmos à grande consciência, à consciência divina. Orar, meditar e pedir a Cristo que nos acuda não será o suficiente.

Existem hoje milhões de técnicas de curas e cursos para trabalharmos e buscarmos essa expansão, mas a maioria ainda está fortemente preocupada com seus boletos, seu corpo, seu mundo à parte, aquilo que a rodeia e isso a limita a expandir, mesmo quando há uma boa intenção.

Quando vamos entender que existe controle e manipulação em nossas mentes? Palavras escritas e faladas podem, sim, ser manipuladas. Novamente gostaria de recordar as lições das estradas percorridas, quando repetimos as provas, não aprendemos a lição. Então a grande questão é: O apocalipse deveria se repetir? Vocês já pararam para refletir?

Precisamos passar por esse processo de dor, medo, morte, fome e perdas para que Jesus volte e salve os seus? Será mesmo que os seus filhos aprenderam a lição? Agora, apenas vamos nos resignar e aguardar a salvação? Bem do fundo de nossos corações, precisamos parar e refletir sobre isso! Existe um limite em nossas mentes que não querem que ultrapassemos. Esse limite que, ao penetrarmos além dele, nos reconheceremos e nos libertaremos. Pergunto-me se é realmente isso que Cristo espera de nós! O que aprendemos ao nos resignarmos, cruzar os braços e esperar que ele nos salve?

A pergunta é o que aprendemos. Se acharmos que nosso Deus e nossa religião ou filosofia é a melhor, olhamos para uma única direção e acreditamos ser ela a verdadeira e que não existirá salvação para aqueles que não a seguem. Como podemos simplesmente achar que nossa verdade é absoluta se a maioria ainda não aprendeu a lidar, muito menos controlar suas mentes? Vivendo somente a inércia de suas vidas e suas ilusões terrenas.

Aqueles poucos que aprenderam a controlar e ultrapassar suas consciências ainda vislumbram isso como um poder somente seu, ou até repassam por meio de cursos ou livros caros que nem sempre estão ao alcance de todos. Infelizmente isso retém e limita o conhecimento. O maior de todos os caminhos é e sempre será o compartilhar, a doação e o amor. Essa é a grande abertura e expansão da consciência humana.

Precisamos entender e atingir esse movimento, essa conscientização, para assim evoluir. O caminho a ser percorrido sempre parecerá o mais longo, quando o fizermos por meio da nossa consciência, mas ele sempre nos guiará pela verdade, justiça e amor. Filhos amados, independentemente das escolhas, sejam elas difíceis ou fáceis, ouçam seus corações. Silenciem suas mentes para que possam me ouvir, lá eu estarei. Cada um de nós carrega em seu peito a minha chama viva. Ela dá o sopro da vida todos os dias.

Não têm ideia da grandeza que são. Quantos circuitos internos existem dentro de você, interligando cada célula e órgão do seu corpo. Ao criá-los foi pensado em tudo. Queria que fosse altamente complexo para que jamais fosse recriado ou copiado. Mesmo diante de toda a sabedoria ou tecnologia, nada jamais será você. Amados filhos, sei que muitos se perguntam por que estão aqui neste lugar, a grande dificuldade que têm com suas famílias e relações. Eu os criei para que fossem amorosos e plenos, vivessem em harmonia consigo e o universo. Sim, muitos de vocês vieram de várias partes e dimensões do universo. Tudo era sintonia, como se fosse uma grande orquestra, tocando em perfeito equilíbrio, tudo fluía com perfeição. Cada ser em sua dimensão vivia em harmonia amorosa consigo e com o próximo. Até o dia em que infelizmente em alguns lugares começou a haver disputas, dificuldade de convívio e discórdias. Criou-se então um grande conselho cármico para decidir como lidar com os rebeldes e negligentes. A ideia foi criar escolas planetárias onde cada ser nasceria e morreria muitas e muitas vezes, até relembrar-se de quem era, para então poder voltar para casa. Os domos foram criados com uma similaridade dos lares de cada ser. Vocês não são os únicos, existem muitos outros domos, planetas ou escolas, se assim preferirem chamar. Alguns bem piores e outros melhores. À medida que há melhora evolutiva, vocês vão sendo enviados a outros até estarem prontos para voltar para casa, seus verdadeiros lares. As famílias. Quanto mais desafiadora a convivência, maior e mais necessário se faz o aprendizado. Até o ponto em que você aprenda a viver harmonicamente por meio do perdão, respeito e amor. A cada família que passar, ao chegar ao final desta sua jornada, será avaliado por sua conduta e aprendizado.

E em cada renascimento, irá receber famílias com mais afinidade com a sua verdadeira família de origem. Até que finalmente regressará ao seu verdadeiro lar. Por isso, a cada finalização suas mentes precisam ser apagadas. Aos filhos do amanhã está sendo agora revelado quem verdadeiramente são. Cabe a vocês resgatarem seus irmãos por meio de seus conhecimentos, aprendizados e por meio de suas consciências evolutivas. Para que isso aconteça, terão de aprender a criar laços e vínculos, aceitação e resiliência. Terão que aprender a conviver, como superar desafios e evoluir por meio do outro. A polaridade foi criada para trazer o equilíbrio, mas perdeu-se na imensidão das coisas grandes e pequenas. Quando o homem começou a disputa, perdeu os direitos a ele dados por meu pai. Conheceu a morte, as dores, as perdas e todas as difíceis lutas que vem travando em suas vidas. Esqueceu como acessar suas consciências e assim, também, seu verdadeiro pai e criador.

Meu filho, eu vivo em você. Quebre esta barreira de separatividade que há em sua mente e consciência, ela o isola da sua verdadeira grandeza e plenitude. Aprenda, à medida que cresce, o mal desaparece. Crie somente o bem, viva somente para o bem e pelo bem. Não olhe mais para os erros do passado, olhe para mim e os aprendizados futuros. Se criar e seguir uma conduta por meio dos meus ensinamentos, eu o guiarei pelo caminho que criei para você, de volta para casa. Busque minhas palavras, meus ensinamentos e se conduza por meio deles.

Ouça minha voz no silêncio de sua mente. Existe uma consciência divina, em algum lar neste imenso universo, para cada um. Apenas está adormecida, esperando pelo seu regresso.

8

O NOSSO CORPO É NOSSO TEMPLO SAGRADO

Onde você erguerá seu altar e edificará sua vida?

Meus queridos pais e filhos do amanhã, pensem na sacralidade da vida por meio de suas ações. Na maioria das suas atitudes ou reações você pensa e seu corpo age ou reage. Sua mente é a máquina de controle, de comando.

Quando você fala, pensa ou sente, ela controla todos os pensamentos, sentimentos e emoções. Quando sentimos fome, sono ou cansaço, nossa mente passa a informação aos órgãos responsáveis e assim sucessivamente. Milhões de circuitos internos estão interligados uns aos outros. Existem muitas teorias e uma grande complexidade sobre o que ou quem somos. Quem realmente nos criou e para que exatamente. Uma delas é que estamos aqui simplesmente para vivermos e morrermos e não nos restará mais nada além disso. Será realmente que aquele que nos criou simplesmente faria algo tão infinitamente lindo, com tantas potencialidades e capacidades tão singulares em cada um?

Qual sentido teria de dar tantos dons, qualidades e habilidades a um ser para que não fossem usados? Existe, sim, o poder de autocura quando acessamos o comando correto. Existem infinitas possibilidades em nossos corpos, a maioria ainda desconhecidas para nós. Digamos que acobertadas por aqueles que não querem que sejam descobertas. Vocês já se perguntaram por que tão poucos filamentos do nosso DNA são usados e o restante é considerado lixo? O que o restante guarda que não sabemos? Sei que muitos já estão trazendo respostas e informações.

Vocês irão destravar e trazer o autoconhecimento à humanidade, para que ela evolua. O caminho aqui não é viver e morrer, e sim evoluir. Não existe morte, pois não existe fim ou separatividade. E esse é um dos princípios humanos que precisa de respostas. Para muitos, ainda precisa ser esclarecido por meio da verdade.

O corpo aqui é como um veículo para nos direcionarmos uns aos outros, nos conduzir e para que possamos nos comunicar e ajudar. E, como todo o sagrado, deve ser tratado como tal. Esse veículo foi criado para ser perfeito e existir aqui em perfeito equilíbrio. É como as cordas de um violino, se está desafinado, ele não tocará em harmonia. Assim acontece com nosso corpo, precisamos que o seu todo, tanto dentro quanto fora, esteja equilibrado para que possamos nos sentir inteiros. Seu corpo e sua mente carregam todas as informações sobre quem você é. Para acessar esse conhecimento, é preciso destravá-la e então expandi-la.

Um dos maiores erros humanos foi quando o homem parou de silenciar, quando deixou de se ouvir. Permitiu que a matéria o levasse ao mundo das ilusões e distrações. Quando ele parar novamente para contemplar a vida como um milagre diário, verá que ele é o maior deles. O grande segredo do corpo está no silenciar da mente.

Se você contemplar as ondas do mar em silêncio absoluto por algum tempo, vai sentir a força e a energia que cada onda carrega. Quanto mais você o contempla, mais e mais entra nessa vibração e frequência até que, em um determinado momento, vai sentir que se tornou parte desse movimento. Você é o mar e o mar é você! Isso é somente um pouquinho daquilo que sua consciência experimenta quando destrava sua mente.

Sinta que pode estar lá e aqui ao mesmo tempo, que existe tanta força e poder em você, mas que isso já não importa, porque descobre e decide que isso é você! É o Deus que habita dentro e fora e que está em todas as coisas. Entenda, seu corpo é um veículo precioso, inestimável.

FILHOS DO AMANHÃ

Para ter acesso à sua consciência por meio de sua mente, você precisa amá-lo, cuidá-lo e respeitá-lo dentro de uma boa conduta, alimentação e pensamentos edificantes. Nosso corpo fala! A cabeça é o pai, o corpo é o filho, ou melhor, nossa mente está sempre no controle.

O pai, nesse caso a mente, passa as informações aos órgãos do corpo, que, por sua vez, reagem tanto para a dor quanto para a cura ou qualquer outro sintoma que possamos sentir. Se nossa cabeça dói é nosso mental provavelmente com excessos de pensamentos e estresse. Os braços são nossas asas, quando são feridas, somos impedidos de voar. Nossos pés e pernas são nosso caminhar. Por exemplo, pessoas que passam a vida inteira com medo de mudar de vida, sair de um trabalho desgastante, de relações tóxicas ou até mesmo uma mudança mental, ao envelhecer terão dificuldade no andar. Travaram suas ações a vida inteira e assim também seu caminhar. Órgãos reprodutores são problemas com sua sexualidade, traumas de infância ou muitos medos da intimidade. Órgãos mais atingidos pelas emoções são estômago, esôfago e coração. Dores nas costas, lombar, coluna são aquelas pessoas que carregam muitas responsabilidades familiares ou de trabalho. Pulmão normalmente são culpas, mágoas, tristezas. Intestino não funciona quando acumulamos os problemas dos outros ou temos dificuldade de deixar ir aquilo que nos aflige. Quando a garganta dói, estamos com dificuldade de falar o que gostaríamos, de nos expressar por meio da palavra e, por fim, nossos dentes representam nossos relacionamentos familiares. Nossa matéria é extremamente complexa, mas se buscarmos conhecer como ela funciona, certamente conheceremos um pouco mais quem realmente somos. Sem esquecermos que o princípio das dores, curas, alegrias, tristezas e todos os nossos sentimentos e emoções iniciam-se no pai, a nossa mente. Ela é nossa torre de comando, onde o pai precisa do filho e o filho precisa do pai para existir. Ele, o pai, nos permite superarmos nossos limites quando vamos além do conhecido, do convencional.

Se expandirmos o autoconhecimento, tocamos nossas consciências e elas nos elevam para além das fronteiras da matéria, o corpo. Somente a partir dessa expansão, nos conheceremos verdadeiramente e então, aprenderemos a controlar, comandar corpo e mente como uma unificação. Nosso corpo é a contemplação de Deus.

9

O SEU PROPÓSITO

Você não está aqui ao acaso. Para tudo e para todos existe um propósito e ao longo de seus aprendizados do mundo você entenderá mais claramente o propósito de cada um e seu papel na história. Alguns vêm para ensinar, outros para conduzir ou construir, alguns são apenas como pontes, mas todos são e serão necessários nesta grande jornada evolutiva.

Você já perguntou qual é o seu propósito aqui? Tudo está interligado de alguma forma. Para sentir que está no caminho vivendo seu propósito, preste atenção ao que acontece à sua volta. O universo vai se encarregando de colocar pessoas e situações, criando movimentos.

Quanto mais ajuda e mais o caminho se abrir, se mostrar para você, acredite, você está sendo guiado, direcionado. Ouça seu coração, aceite e confie!

10

SOBRE O QUE VOCÊ É!

Posso lamentar-me por ter vivido e crescido em uma família paupérrima ou ir atrás, em busca de minha verdadeira origem sobre meu real propósito aqui. O que sou, de onde vim e para onde vou! Independe do que possa acontecer neste mundo louco em que estamos vivendo. O que sei é que, enquanto estamos aqui, temos de questionar tudo, estar sempre em busca de respostas, da verdade. A pior prisão humana é a sua inércia, sua ignorância mental. É não se importar com as dores do mundo, é viver na sua bolha, fingindo que a vida é cor de rosa e que está tudo bem. Se vivermos em um mundo de ilusões e mentiras, não viveremos, seremos meros expectadores da realidade, meras holografias humanas. Mas também não devemos esquecer quem somos e que temos, sim, o poder e o dom de mudar nossas realidades, saindo da ilusão do medo. Mude e eleve o mais alto que puder sua frequência.

11

VOCÊS SÃO PURO AMOR

Sejam alimento para quem tem fome e água para quem tem sede. Sejam luz para os cegos e amor para aqueles que não sabem amar. Pois o verdadeiro amor, o amor incondicional, é aquele que transcende e acolhe. Queridos filhos do amanhã, não confundam o verdadeiro sentido do amor com somente este ou aquele. É o todo que está à sua volta e todos que necessitam do seu amor. Entendam a importância, o cuidado e a atenção que devem ter.

O amor é um sentimento que vai muito além do amar, estar apaixonado. É um sentimento abrangente que vem por meio de compaixão, doação, perdão, empatia, respeito, verdade, justiça, fidelidade e, muitas vezes, resiliência. O amor também pode trazer um profundo sentimento de paz e alegria, bem-estar e plenitude. Ele é justo, correto e compassivo.

O amor é um poder e o dom maior e mais valioso que vocês carregam em seus corações.

A compaixão: quando temos compaixão pelo próximo, pelos animais ou pela natureza, nos tornamos parte e criamos um vínculo, um laço de amor. A doação: quando somos capazes de doar algo, compartilhar, seja um alimento, vestimentas, palavras positivas, o nosso tempo e atenção, um sorriso, um abraço ou aconchego. Saibam, queridos filhos, que todos temos algo a doar. Doar ou doar-se também é uma forma de amar. O perdão: perdoar é um dos sentimentos mais libertadores que podemos sentir. Quando perdoamos, nos libertamos do sofrimento, das amarras que nos aprisionam. O perdão também é uma forma de amor, pois nos eleva para a consciência amorosa de Deus.

12

PEQUENOS GESTOS

Se, por exemplo, pegarmos um pequeno grão de areia da praia e olharmos através de uma lente, veremos um mundo de infinitas belezas. Além disso, seu tamanho se potencializa e cresce. A verdade é que, quando olhamos apenas a superficialidade das coisas, não entendemos a grandeza. A visão com um olhar profundo pode tornar o pequeno grande e o grande imensidão.

Quantas vezes paramos para sentir o ar que respiramos? Sequer nos damos conta de que ele é a vida que somos. Ao olharmos para o mar, vemos sua beleza e imensidão. Mas o mais misterioso e intenso é a vida que ele esconde em seu ventre profundo. Desde uma ave que voa no céu até uma pequenina gota de orvalho que cai sobre a grama. Em cada pequeno gesto da vida, existe um grande propósito.

Se tudo ao nosso redor, assim como nós, estiver em perfeito equilíbrio, seremos capazes de ver e sentir a grandeza e a verdadeira beleza de Deus em todas as coisas. Quando um artista, pintor ou cantor olha para o mar e o pôr do sol, ele pensa "Que bela tela ou canção eu faria!". Então, difícil seria acreditar que uma grande explosão criaria tamanha beleza. Somente uma consciência infinita que entende de todas as coisas grandes e pequenas seria capaz de ver e criar o belo em tudo o que há.

13

VENDAS E VÉUS CAINDO

Será que minha geração falhou? Infelizmente, a maioria de nós vivíamos em nossas bolhas, assistindo aos tramas e dramas criados para nós, totalmente alienados às grandes mentiras do mundo. Ao mesmo tempo, nosso mundo era tão pequeno e limitado. Lembro-me de uma vez, aos 12 anos talvez, são lembranças vagas, quando ouvi falar pela primeira vez em um futuro aparelho de telefone, com o qual as pessoas poderiam se ver e falar. Pareceu-me tão surreal, uma nova era, era da tecnologia.

Pense como foi assimilar algo em que pudéssemos, futuramente, ver, ouvir e falar com um aparelho pequeno e sem fio. Lembro-me de que naquela época era tudo muito mais lento, mais tranquilo. Não tínhamos ideia de nada, o que ou quem éramos. Isso realmente não importava para a maioria. Mas, sim, eu sempre me questionava, nunca me senti alheia ao silêncio. Tinha que haver algo maior. Sabia que existiam mais coisas lá fora, além das pequenas fronteiras que nos limitavam. Sabia também que em minha ou nossas mentes existia um mundo à parte, infinito e desconhecido. Assim como a tecnologia e o autoconhecimento eram um mundo vasto a ser desbravado.

O que vivemos hoje, neste tempo, parece assustador, vivemos o agora em tempos de transumanismo, robóticas, tecnologia em larga expansão, mas infelizmente a grande parte da humanidade está alienada a um pequeno aparelho de celular em suas mãos. As emoções e os sentidos já não fazem mais sentido. Ao despertar, abrir os olhos pela manhã, começam os cliques e só param quando o corpo cansa, os olhos adormecem.

É preciso fotografar o que comemos, vestimos, falamos. Em shows, as pessoas já não curtem nem prestam atenção na música ou no artista. Elas precisam filmar e fotografar cada detalhe. E assim, aos poucos, vão perdendo suas verdadeiras essências, sua verdadeira luz e suas almas. O importante para elas é fazer o que todos estão fazendo, é fundamental terem em suas mídias o maior número de curtidas, as melhores fotos e performances, assim vivem em seus mundos fictícios. Mais alienados do que possam imaginar.

Exatamente como gostariam aqueles que sempre o fizeram para nos manter escravizados. Tornando-nos totalmente alienados em coisas materiais e ilusórias. Dessa forma conseguem nos manter sob controle.

Assim, não paramos para pensar, questionar ou refletir sobre as grandes mudanças que estão acontecendo à nossa volta. É como se fosse uma hipnose coletiva. Aqueles que estão despertos são taxados de loucos quando tentam passar informações. Chamam de grandes teorias da conspiração. Para mim, a cada dia tenho mais certeza de que fomos e estamos sendo enganados, manipulados e controlados.

Eles detêm o controle do tempo, das mídias, das farmácias, da medicina, educação e inclusive nossa alimentação. Isso não significa que não existe a grande fonte criadora. Sim, Deus existe, não como uma forma, mas como a fonte de tudo o que há. Ele é a matriz.

Porém, existe um pequeno círculo fechado de seres na Terra que pensam serem deuses e assumiram o controle da nossa então humanidade. Esses seres criaram e criam experimentos para nos doutrinar. Descobriram o quanto o medo pode nos afetar, o quanto somos infantis em nossas crenças, o quanto somos maleáveis. O mais triste e desumano é que a maioria se deixa ser conduzido.

Se por acaso você estiver lendo estas palavras e se identificar, seja pai ou filho, e sentir que tem algo que não se encaixa realmente na nossa história de mundo, pesquise mais a fundo, vá em busca de outras fontes.

FILHOS DO AMANHÃ

O que sei é tão pequeno perto da vastidão de mentiras sobre nós. Mas, acima de tudo, quero muito que saiba o que me motivou a escrever este livro.

Ele é sobre você, ou sobre vocês todos, os filhos do amanhã. A nova geração, a nova raça. Vocês são pura luz! Energia, frequência e vibração. O poder da fonte está em cada coração. E existe algo mais poderoso, grandioso e capaz de mover céus e terras quando unidos. Sim, unidos são mais fortes e criam grande poder. Esse poder, novamente eu falo e repito a todos, é o amor, a maior energia em movimento. Essa é a grande verdade que libertará a humanidade.

14

NOSSOS PAIS E ANTEPASSADOS

Nossos antepassados, nossos pais e avós eram puros, porém extremamente limitados pela falta de conhecimento. Não sabiam quase nada de nada e parecia que tudo estava bem! Nem sequer se preocupavam tanto com as dores do mundo, porque mal sabiam o que acontecia lá fora, além de suas portas, suas telenovelas, seus telejornais e jornais de papel.

Chegavam a eles somente as notícias que realmente importavam para eles, o grande controle. É claro, não se ouvia muito sobre suicídio, depressão, autismo, essas coisas, muito menos ansiedade, que infelizmente atualmente é um dos grandes males da humanidade. Eram puros, mas também alienados. Sabemos que tudo muda o tempo todo e à medida que o tempo vai passando.

Quando penso em nossos antepassados e na pureza de seus corações, sinto-me nostálgica. Sei que não tinham sequer ideia do que estaria por vir. Esta nova era em que vivemos, a era da grande revelação ou revelações e mudanças. Os processos de despertar estão acontecendo, a busca pelo autoconhecimento. Infelizmente o ego do homem ainda manipula o conhecimento.

Existem grandes controvérsias em que o mundo material manipula e dá as cartas. Enquanto a ganância do homem estiver acima da verdade e de uma conduta digna, todo esse despertar será em vão e se perderá entre as trevas da sua ignorância.

Aquele velho mundo pacato de nossos pais, no qual a verdade, a empatia, a compaixão e o amor prevaleciam, foi ficando para trás. Quando as mídias adentraram em nossas vidas, nos trouxeram um novo mundo e uma nova realidade. Realidade esta que mudou quase que radicalmente nossa condição humana.

Abriram-se grandes possibilidades, ficamos mais dinâmicos, inteligentes. Algumas pessoas começaram a conhecer e migrar para outros países. Crescemos, sim, em conhecimento, mas aos poucos fomos deixando partes de nós para trás.

As máscaras do velho mundo estão finalmente caindo, mas com tudo isso acontecendo, é como se tudo estivesse em desequilíbrio, até mesmo o próprio ser humano. Sinto no ar uma grande ânsia de mudança, mas ao mesmo tempo existe na atmosfera uma onda de medo. Tantas verdades sendo reveladas. Vejo aquele que ao ouvir e entender fica incrédulo, impactado. Pensar que tudo pode mudar de repente é mesmo assustador, mas a verdade é curadora.

Ao reformar uma velha casa abandonada em um terreno baldio, também vamos encontrar muitas coisas ocultas, segredos e mistérios. Provavelmente muitas partes dela irão despencar, virão ao chão. Mas quando algo lindo e majestoso surgir dali, aos poucos esse lugar, que era sombrio, triste e assustador, apenas se esvairá em lembranças, ficará no passado, assim como o de nossos pais e antepassados. Eu realmente espero que vocês, filhos do amanhã, aqueles que vieram e estão despertos, entendam todo esse processo transformador.

Não aceitem nada mais que a verdade e busquem cumprir seus propósitos aqui. As mídias entraram para valer em nossas vidas. Não posso dizer que só existe o lado ruim. Na verdade, abriram muitas portas e facilidades. Podemos hoje trabalhar pela internet, entre tantas outras coisas, isso tornou-se um verdadeiro mundo de facilidades e conforto, não podemos negar, mas infelizmente existe também o lado obscuro e negro da tecnologia. Tornou-se um grande veículo de separatividade e divergência entre as pessoas. Quase um cabo de guerra. Criam disputas por religião, política e tantas pequenas coisas que se tornam grandes mentiras ou verdades muitas vezes. Parece que quanto mais poder temos, mais nos afastamos de Deus. Mas nos esquecemos de que o propósito é evoluir e voltar para a grande fonte. Às vezes, sinto-me pequena, como uma gota de chuva em meio a uma grande tempestade. Olho ao meu redor e sinto que não estou fazendo o bastante. A cada dia que passa, mais e mais me isolo deste mundo.

15

AS FAMÍLIAS E OS RELACIONAMENTOS

Nesta narrativa faço uma reflexão sobre todas as possíveis mudanças dentro das relações e dos casamentos. Vamos relembrar da época de nossos avós, bisavós e nossos pais, digamos que até os anos 1960 e 1970. Quando os casais se uniam em casamento, claro, seria quase impossível morar juntos, como nos tempos modernos, porque nessa época era pecaminoso sair da casa dos pais para morar com um estranho sem um documento assinado em cartório e uma cerimônia religiosa. Desde os tempos primórdios, a sociedade sempre exigiu da mulher uma conduta impecável, considerando-a impura caso ela saísse das regras impostas. Enfim, os casamentos seguiam desta forma: o homem era o provedor e a mulher, a esposa, mãe e dona de casa, educadora responsável por seus filhos. E é claro que décadas atrás existia um regime extremamente rígido na forma como uma mulher de bem se vestia ou se portava. Não podia sair sozinha, ter opiniões próprias e tampouco pensar em trabalhar fora. Isso era somente para os homens. Lembro-me de que na época de minhas avós, nós, as meninas, aos 12, 13 anos, começávamos a preparar o famoso enxoval para o casamento. Era até engraçado porque muitas nem sabiam se iriam mesmo casar-se, mas era fundamental ter um belo enxoval encaminhado quando encontrasse o futuro noivo. Em torno dos anos 1960, a mulher era considerada uma bonequinha de luxo, aquela que mantinha a casa impecável e esperava o marido na porta, lindamente arrumada, com um belo sorriso, como se estivesse pronta para ir a um teatro. Mesa posta e um jantar digno de um rei. Esse era o sonho de muitos homens e mulheres. É claro, sempre imposto pelas ilusões das mídias das televisões em preto e branco, dos jornais e revistas da época. Não existia internet, mas sempre um forte apelo de como deveria se portar a sociedade perfeita. Isso era para aquelas famílias que podiam bancar esses padrões.

Sempre existiram os dois lados e é claro que aquelas famílias que não faziam parte desse clã trabalhavam duramente para manter suas casas e filhos. Muitas dessas esposas quebravam regras ao ajudar na lida dos campos e plantações com seus maridos. Tinha também aquelas que cuidavam das casas das ditas bonequinhas de luxo, enquanto elas passavam o dia se embelezando para seus maridos. Mas o tempo foi passando e com ele as mudanças, as mulheres foram cansando de ficar em casa cuidando de seus maridos e filhos. Cansaram de suas rotinas exaustivas de serem perfeitas bonequinhas de luxo.

Decidiram que queriam mais, foram para as ruas em protesto público em 1968 e queimaram seus sutiãs. Começaram a reconstruir suas histórias, queriam ter direitos iguais, votar, trabalhar e ganhar seu próprio dinheiro. Foram grandes lutas, muitas batalhas vencidas. Finalmente elas foram aos poucos desbravando o caminho e alcançando seu lugar ao sol. Atualmente vemos mulheres atuando em todas as possíveis áreas, inclusive aquelas direcionadas somente aos homens. Dirigir um caminhão, pilotar uma locomotiva ou avião, não há mais mistério, pois muitas delas desempenham lindamente suas profissões. Infelizmente todas essas mudanças avassaladoras trouxeram também grandes rupturas nos núcleos familiares.

Todo esse movimento feminino tornou-se um grande divisor de águas entre homens e mulheres. O homem, na sua condição de provedor, macho alfa, se vê agora perdendo seu papel dentro da relação. Atualmente existem casos de mulheres que trabalham e ganham até mais que seus esposos e provêm o núcleo familiar. O que se pode ver claramente nesse caso é que nenhum dos dois sente-se confortável nesse papel. A mulher, por ter de carregar grandes responsabilidades dentro da sociedade, esteve por anos designada ao homem e ele, por sua vez, sente-se depreciado em seu papel masculino. Não esquecendo de salientar que há algumas décadas os casamentos eram arranjados. Funcionavam mais como uma sociedade ou parceria entre famílias para agregar suas fortunas. As mulheres não podiam escolher seus noivos, era uma tarefa que cabia a seus pais ou irmão mais velho.

O casamento vem de uma instituição muito distante, já na época dos sumérios, uma das civilizações mais antigas antes de Cristo, da antiga Mesopotâmia. Antigamente eram criadas muitas alianças políticas. Nessa época o amor e a livre escolha em si eram algo totalmente secundário. Podemos dizer que finalmente, como tudo muda de tempos em tempos, chegamos ao ponto em que temos a liberdade de escolher com quem vamos nos casar, mas ao mesmo tempo a livre escolha faz com que as pessoas já não se tolerem por muito tempo. Hoje podemos escolher os parceiros, nos apaixonar e casar por amor, no entanto, esse tão sonhado amor muitas vezes não dura o suficiente para que se possa chamar de família, amor e casamento. O que poderiam ser grandes histórias de amor, hoje são tão curtas e passageiras. Muitos fogem de relacionamentos mais profundos. Quando assumem e se casam, vivem entre rixas e disputas. O homem esquece que se casou e agora tem uma esposa e família. E a esposa às vezes também, querem seguir saindo e bebendo sozinhos com seus amigos, como se ainda estivessem solteiros. Discutem até sobre quem vai levar o cão para passear.

Discutem na maioria das vezes também sobre as tarefas domésticas. Ele acha que é tarefa da esposa, afinal, ele é o homem da casa, e ela acha que as tarefas precisam ser divididas, porque na maioria das vezes ela agora também trabalha fora. Percebe-se atualmente que os jovens casais que resolvem unir-se estão apenas seguindo padrões, como se fosse uma regra. Os dois casam-se, trabalham incansavelmente fora, compram um animalzinho que quase não dão conta de cuidar. Praticamente não se veem ou fazem coisas juntos e quando param, só querem descansar, tamanha a exaustão da semana corrida de cada um. Ao chegarem do trabalho à noite, muitas vezes se isolam, cada um em um aposento da casa, no seu celular, e às vezes até acontece de trocarem mensagens com outras pessoas ou seus ex, fazendo queixas de sua atual relação. Com o tempo decidem ter um bebê, o que acarreta mais responsabilidades e compromissos, muitas vezes eles não estão muito dispostos nem preparados para isso.

Com o tempo, as famílias e a sociedade começam a cobrar, a questionar se não está na hora de aumentar a família e muitos casais acabam cedendo à pressão, quando na verdade a relação já está muito longe de ser um conto de fadas.

São muitas fotos nas mídias, passeando com cãozinho, fotos românticas, casal feliz e apaixonado, muitas vezes somente de fachada, para manter as aparências. É claro que não é uma regra, mas hoje muitos casais vivem ou seguem esse mesmo caminho. Relacionamentos penso que em nenhuma época da história humana tenham sido fáceis. Posso imaginar para aqueles casais que não se conheciam e tiveram de viver em relacionamentos arranjados. Para os homens que não sabiam ao certo que tipo de esposas e mães seriam, muito menos para as mulheres que antigamente sonhavam com o seu príncipe encantado no cavalo branco. E, infelizmente, seu sonho por vezes era bem diferente quando chegava à sua frente. Muitas vezes indo para sua lua de mel com um homem bem mais velho que seu pai e ela sem experiência nenhuma.

Felizmente muita coisa mudou. Atualmente as escolhas são livres, mas, por outro lado, não existem mais valores verdadeiros nem amores duradouros. É como se os jovens atuais estivessem focados em si mesmos, somente em seus egos, do tipo curtir a vida, viver ao máximo como se não houvesse amanhã. Vemos também muitas crianças, jovens e adolescentes extremamente confusos em suas escolhas sobre sua sexualidade. Percebe-se que, de uma forma sutil, tudo vem sendo imposto por "eles", o controle por meio das mídias e das mentes.

FILHOS DO AMANHÃ

É criada uma ilusão coletiva, na qual todos pensam que se encaixam e torna-se algo tão poderoso que cada um vai perdendo sua personalidade e individualidade como ser. É claro que dentro de uma sociedade temos de compartilhar uns com os outros, mas, antes de tudo, é preciso ter o discernimento de refletir até que ponto este ou aquele tipo de conduta é bom para mim, se devo seguir e passar adiante. Cada vez mais, vemos jovens individualistas entre si, mas sempre seguindo as tendências dos modismos com a família, nas relações e no seu dia a dia. O sexo feminino ou masculino está perdendo seu papel. Os valores mudaram radicalmente. Nos dias atuais, ficar famoso na mídia, ganhar muito dinheiro, viajar, curtir a vida, o mundo das grifes, marcas famosas, drogas, álcool e vícios estão em alta. As mulheres alcançaram sua igualdade, os homens estão meio perdidos nesse contexto. Seria esse o princípio do fim das relações e dos casamentos? Somos criados e condicionados como um programa de repetição. Nossos pais, avós e antepassados foram criados apenas seguindo a programação condicionada em suas mentes rígidas. Sim, rígidas, porque o errado seria pensar fora da caixa ou diferente.

A ideia era e sempre foi seguir as regras impostas, e assim como sempre foi, "eles" jogavam uma ideia moral dentro da sociedade e ela seguia religiosamente. Infelizmente as ideias continuam sendo impostas, já não mais tão sutilmente, e as massas as seguem. A maioria sem questionamentos sobre para onde estamos indo, aonde esse caminho nos levará. Tenho fé que vocês, filhos do amanhã, irão resgatar as melhores partes da nossa sociedade, amores e relações. Sem tantos preconceitos rígidos, mas com uma conduta impecável, direcionando o outro dentro da presença do mais puro amor. Dentro da consciência individual de cada ser, em que cada um deverá pensar por si e fazer sua escolha, sempre com a intenção de compartilhar e ajudar o próximo.

Uma família bem estruturada dentro de valores morais corretos, disciplina, amor e respeito. Pais com autoconhecimento para passar para seus filhos e que nunca deixem de buscá-lo sem seguir ou se apegar às mídias, crenças limitantes ou religiões que possam condicionar, bloquear e aprisionar suas mentes. Que busquem respostas sobre suas origens e assim possam passar a verdade para seus filhos.

Que não se apeguem a machismos, preconceitos, política e modismos. Criem seus padrões diferentes, sejam diferentes, vivam e construam um novo padrão de sociedade, não importa o que pensem. Filhos do amanhã, transformem este velho mundo em um novo mundo, um mundo melhor para a nova raça! Sejam fiéis a vocês mesmos, não se permitam tanto controle. Vocês são os controladores de suas vidas, façam suas regras, novas regras dentro da verdade. Não aceitem nada além disso. Está tudo errado e precisa mudar. Sejam e façam a mudança. Vocês são fortes, são a nova raça, são o amanhã ou os filhos do amanhã.

Se olharmos para o passado e nos voltarmos para o momento atual e nos questionarmos, éramos ou somos mais felizes agora? Minha visão é que nunca seremos felizes vivendo sob pressão ou controle, muito menos se não encontrarmos nossa fonte de direção e equilíbrio, que é nos reconectarmos com a divina fonte de Deus.

16

JÁ SOMOS CONTROLADOS

Vocês irão se perguntar qual a diferença? Sim, eu também me questionei por muito tempo, tentando entender. A mente é como um grande computador em que guardamos todas as memórias e lembranças. Agora quero que pare e imagine as ondas vibracionais de um celular, televisão, computador, não importa. Apenas imagine muitos desses receptores ligados, recebendo informações. Por exemplo, a pandemia, com milhões de pessoas recebendo a mesma ou semelhante informação. O que acontecia então? Medo, pânico e desespero. Parem para pensar... já somos controlados por uma grande inteligência artificial. Ela apenas envia as informações aos seus receptores que espalham mundo afora. É mais ou menos como um vírus de computador. Essa inteligência entra em nossas mentes e de uma forma quase direta nos diz o que vestir, o que comer, cria ilusões, sonhos inimagináveis.

Cenários apocalípticos, tragédias, destruição e caos colocam a vida de nossas crianças em risco. Muitas vezes não temos ideia de quem possa estar do outro lado. Estão passando informações perigosas para os nossos pequenos e adolescentes. Prestem atenção, às vezes não é necessário nem começar a pesquisa, basta que você pense, abra o celular e as informações aparecem. Por exemplo: deu vontade de comer pizza, é exatamente como se lessem o seu pensamento. Na verdade, sim.

Essas inteligências já vivem em nossas casas há muito mais tempo do que possamos imaginar, também em nossas mentes. Quantas vezes você já se perguntou, disse ou pensou coisas não condizentes? Eles podem criar vários tipos de realidade, é como se fosse um desses jogos virtuais. Outro dia, não me sentia bem.

Apenas sabia que não era meu. Fui meditar e me vi e senti dentro de um túnel, tinha água que corria ao fundo e eu me movia quase que na velocidade da luz. Deixei-me levar, queria ver onde iria dar. E, de repente, como observadora, me vejo assistindo a várias realidades ao mesmo tempo. Infelizmente uma era a guerra, a outra ondas enormes, um tsunami, terremotos, somente tragédias horríveis e uma voz dizia-me insistentemente ao fundo: "Fuja da Matrix".

Por isso, queridos filhos do amanhã, não aceitem mais esse tipo de controle. Assumam o poder, o comando de suas mentes. Vocês precisam se unir para saírem da Matrix. No momento atual, vejo a humanidade, alheia a essa realidade. A maioria caminhando para o caos apocalíptico criado por "eles", por meio de nossas mentes. Enchem nossas vidas de distrações, 24 horas por dia, e a grande maioria dorme e pensa que até é feliz às vezes. Estão todos alienados à mesma onda de frequências sem perceber. Alguns até acreditam, mas não querem sair do comodismo, da ideia de ter de parar para refletir, pensar.

Mudança de conduta é algo realmente difícil. Para isso temos de abandonar vícios físicos, mentais, valores e atitudes. Parece tão mais fácil viver quase que roboticamente, seguindo e repetindo velhos padrões. E há os céticos, que realmente pensam que essa história de poder e controle mental é somente teoria da conspiração. Sobre eles já existe um controle quase que absoluto em suas mentes. É muito mais fácil controlar e manipular aqueles que não criam resistência.

Mas aquele que não aceita, se rebela e cria resistência tem a mente clara sobre quem é e cria a sua própria realidade, faz ideia do seu grande poder, da sua luz. A mente é a torre de comando. Devemos prestar atenção em quem ou o que a está conduzindo! Mantenha-se firme, não permita que ninguém comande ou controle sua mente.

Preste atenção em algumas coisas que irei citar para você, assim saberá se está sendo controlado e o que fazer.

Você repete padrões o tempo todo?

Tem vícios sem controle?

FILHOS DO AMANHÃ

Acessos de raiva por pouco ou nada?

Compulsão por comida ou remédios?

Mania de doenças?

Medos? O medo é um dos maiores indícios de controle.

Pensamentos suicidas ou destrutivos?

O celular controla você?

Existem muito mais controles ativados em nossa mente que sequer podemos imaginar. Nossos pensamentos são controlados por radares e ondas magnéticas, todos os aparelhos que temos em casa são ativados por essas ondas, que sucessivamente ativam nosso mental. Para chegar à consciência, necessitamos entender como funciona nossa mente e aprender a discernir o que é bom ou ruim, verdadeiro ou falso em nossas atitudes, ideias e pensamentos. Pense bem, existe amorosidade e beleza em toda obra divina. Sendo assim, também somos parte da sua criação. O que nos torna semelhantes e pode nos aproximar dela é a maneira como vibramos, pensamos e agimos uns com os outros ou nós mesmos. Nikola Tesla já dizia que cada um de nós é uma fonte de energia, cada um de nós carrega em si o acesso a ela.

Para termos acesso à fonte/matriz, precisamos conhecer e entender como lidar com todo esse controle mental e, assim, acessarmos nossa consciência, o mais importante é que essa abertura ou passagem que teremos de alcançar nos levará ao conhecimento real sobre quem ou o que somos. Por isso, somos aprisionados pelas distrações mentais. Quanto mais estivermos ocupados, menos tempo teremos para pensar ou refletir.

Se não permitirmos que nossa mente se expanda e cresça, até que alcancemos nossa consciência, jamais sairemos desse comando, desse controle. Sua consciência é o seu caminho evolutivo, seu caminho de volta para casa. Para chegarmos a ela, precisamos definir quem está no controle. Vocês, filhos do amanhã, deverão assumir as rédeas de suas vidas. Mudem completamente suas condutas e atitudes. Unam-se a pessoas que pensem como vocês. Libertem-se das máquinas e tecnologias modernas ou, se for possível, afastem-se das grandes metrópoles. Busquem a natureza ao ar livre.

Deixem suas mentes, seus pensamentos livres, longe de ilusões e distrações. Existem grandes segredos guardados. Como dizia Tesla, para descobrir os segredos do universo, pense em termos de energia, frequência e vibração. É o que somos, energia. Energia é o que há em nós e ao nosso redor. Energia é movimento e vibração. Embora não possamos ver, existe vibração em cada molécula do nosso corpo, em cada célula, em nosso fluxo sanguíneo.

A grama vibra, a terra vibra, tudo está em absoluto movimento e a frequência são as ondas magnéticas das nossas mentes como as das tecnologias. Por isso, quando entramos nas ondas frequenciais, vibramos e irradiamos. Sejam coisas boas ou ruins. Já ouvimos algumas vezes que a energia desta ou daquela pessoa não está boa, ou até mesmo as energias de um determinado lugar. Sim, os lugares, casas, ambientes também vibram, têm frequência e energia. Como disse, ela existe e está em todos os lugares e em todas as coisas. Para chegarem ao entendimento, conhecimento e expansão de suas consciências, será inevitável saber quem ou o que realmente somos e como funcionam as energias e frequências, como funciona a Matrix e o que ela projeta em você, como ela o condiciona e conduz a sua vida, as sensações, os pensamentos, as emoções e atitudes, sempre de formas negativas. Se em algum momento não reagirmos e lutarmos por nós, nossas vidas, perderemos o controle e viveremos no caos.

Na verdade, atualmente esse caos já existe e foi criado. É o que vivemos. Por isso, filhos do amanhã, eu realmente tenho fé em vocês. Acredito no poder que está em seus corações e quanto mais despertarem ao ponto de atingirem suas consciências, mais fortes e invencíveis ficarão. E juntos irão criar uma grande legião de soldados, vigilantes das mentes. Libertadores da humanidade. As ataduras mentais impostas nas mentes humanas foram nos transformando em frágeis criaturas, nos fazendo esquecer quem somos e o poder que temos, nossas capacidades mentais. Somos ilimitados. Existem leques de oportunidades e conhecimento a serem desvendados e reconhecidos por nós. Abram suas mentes para a nova consciência.

17

QUE HAJA LUZ

Olhai os lírios que crescem nos campos e as aves que voam nos céus! Eles crescem e as aves voam livremente. Não esperam nada, não temem, não se aprisionam a nada, apenas vivem confiantes, instintivamente sabem que aquele que os provém de todos os recursos sempre proverá. Não há apegos, e sim liberdade.

Às vezes pensamos que este, aquele ou uma determinada situação nos aprisiona, quando na verdade somos nós mesmos que estamos apegados.

Sejam relacionamentos por dependência afetiva, às vezes financeira e até moral. Seja trabalho por não nos valorizarmos o suficiente, coisas materiais e tantas outras coisas, como cuidado excessivo do corpo. São tantos apegos que vamos acumulando desde o nascimento e nos tornamos escravos de nossas ações, de nossas vidas.

"Por isso vos digo: Não andeis ansiosos pela vida, quanto ao que haveis de comer ou beber. Nem pelo vosso corpo, quanto ao que haveis de vestir. Não é a vida mais do que o alimento, e o corpo, mais do que as vestes?" (Mateus 6:25-33 – https://www.bible.com/bible/111/MAT.6.NIV).

"Considerai como crescem os lírios do campo: Eles não trabalham, nem fiam. Eu, contudo, vos afirmo que nem Salomão, em toda a sua glória se vestiu como qualquer um deles. Ora, se Deus veste assim a erva do campo, que hoje existe e amanhã é lançada no forno, quanto mais a vós outros homens de pequena fé?" (Mateus 6:26-30 – https://www.bible.com/bible/111/MAT.6.NIV).

Cada um destes condutores guardam ensinamentos valiosos para a nossa evolução. É importante não somente ler, mas também refletir sobre a mensagem. Parar, questionar e refletir. Observem as aves do céu: Não semeiam, não colhem, nem armazenam em celeiros. Contudo, o pai celestial de vocês os alimenta. Vocês não têm muito mais valor que elas? Quem de vocês, por mais que se preocupe, pode acrescentar uma hora que seja à sua vida? — Por que vocês se preocupam com roupas? Vejam como crescem os lírios do campo. O pai sabe o que precisam antes mesmo de pedirem" (Mateus 6:26-29).

Ao me comprometer a ler a Bíblia, iniciei pelo Velho Testamento, é claro. Confesso que milhões de questionamentos surgiram de imediato em minha mente. Não subestimando quem quer que seja, nem me sentindo herege por minhas crenças, senti-me como uma pequena criança para quem está me sendo narrada uma história, como tantas e tantas outras que nos foram contadas até aqui. Há muitos e muitos anos eu busco a verdade sobre mim e sobre nós, humanidade. Há muitas controvérsias sobre a nossa história. Eu, metaforicamente, dentro de estudos, pesquisas e muitas experiências espirituais, dentro de minha louca viagem mental, vejo uma realidade totalmente diferente imposta e criada para essa civilização e talvez tantas outras que já existiram aqui na Terra.

Para mim, o Deus do Velho Testamento não é o Deus absoluto. Creio que ele seja, sim, um Deus entre deuses e divindades visto aos olhos dos homens. O Deus do absoluto é o Deus universal, criativo e criador, não somente deste, mas de muitos mundos infinitos, incontáveis dentro da criação. Ele criou a polaridade, não com a intenção de existir o bem ou o mal, mas para que houvesse o equilíbrio dentro da perfeição. Decretou que seus mundos fossem habitados por inúmeros e incontáveis formas, raças, seres e criaturas vivas e que em todas as coisas existentes haveria o sopro da vida, o sopro de Deus. Que tudo, absolutamente tudo, estaria de alguma forma ligado, conectado a ele. Quanto mais ele criava, mais e mais vida se manifestava em todas as partes habitáveis do universo.

FILHOS DO AMANHÃ

Eu prefiro chamá-lo de criador, pois para mim ele está sempre criando e cocriando vida e beleza em tudo que há! Ele não mata, não destrói, não é vingativo nem prepotente. Não exige devoção. Sua consciência é infinita e criativa. Criou tudo e todos com direito à vida e liberdade. Infelizmente algumas raças planetárias usurparam dessa liberdade e muitos tentam e até passam-se por deuses. O criador nos deu a todos a sua inteligência, a sua centelha divina. Algumas raças usurparam da centelha divina, sentiram-se deuses e mutilaram nosso DNA, tornando-nos frágeis criaturas, fazendo-nos esquecer quem somos. Modificaram-nos para servi--las como escravos. É claro que sempre nos passando a falsa ideia de liberdade. Depois criaram toda uma burocracia de controle, desde o nascimento. Certidões, registros e mais certidões. Somos um número, um registro. Se compramos uma casa ou um carro, por exemplo, mesmo se pagarmos à vista, nunca será algo nosso, simplesmente porque nunca paramos de pagar taxas e mais taxas.

Tudo o que comemos, vestimos ou qualquer coisa que compramos estamos sempre pagando, além do valor do produto, taxas abusivas. Seguimos como um rebanho, fazendo e agindo o tempo todo conforme somos programados, sem perceber. Nem sequer questionamos, ou melhor, os poucos que tentam provar ou impor suas ideias muitas vezes são calados, intimidados, destroem suas imagens perante as mídias, isso quando não são ceifados de suas vidas. Eles criam algum tipo de manipulação, para que nos tornemos sempre reféns, não paremos para pensar, questionar, pesquisar ou estudar. A ideia é que nossas mentes fiquem ocupadas o tempo todo com joguinhos idiotas, shows satânicos, informações mentirosas, séries televisivas que nunca acabam, filmes extremamente agressivos. Felizmente alguns estão acordando e percebendo o controle. Os despertos vão aos poucos mudando suas condutas, suas atitudes e aos poucos vamos questionando que Deus controlador, destrutivo e vingativo seria esse que cria grandes tragédias, aniquila tantos de nós, desde crianças, velhos e adolescentes sem dó nem piedade.

Que Deus seria esse que nunca acabou com a fome, as guerras, as matanças? Às vezes penso que somos um pequeno ponto no infinito, tão distante e inalcançáveis do verdadeiro criador. Será que ele nos deixou à deriva, à mercê desses deuses perversos e vingativos? Os teóricos da conspiração dizem que esse Deus do Velho Testamento seria um Anunnaki. A Bíblia não fala de uma forma clara sobre eles, são vistos apenas como figuras mitológicas da Mesopotâmia antiga, ou como os Nefilins em Gênesis. A palavra "Anunnaki" significa "aqueles que vieram do céu". Presentes na mitologia suméria, acádia e babilônica, considerados descendentes de Anu, o deus sumério do céu e sua consorte, a deusa da terra Ki (https://segredosdomundo.r7.com).

Conforme Zecharia Sitchin, grande estudioso e pesquisador, eles teriam chegado à Terra há 450 mil anos em busca de minérios, especialmente ouro, que descobriram e extraíram na África (https://en.wikipedia.org/wiki/Zecharia_Sitchin).

Os Anunnakis surgiram na antiga Mesopotâmia. Eles eram considerados gigantes e possuidores de grandes conhecimentos. Entre vários teóricos da conspiração, alguns dizem que foram os Anunnakis que nos criaram; outros, que modificaram nosso DNA. A minha visão é que, entre controvérsias, fomos modificados geneticamente. Consigo visualizar como em um filme, anos atrás, a grande carruagem de fogo ou a grande nave descendo dos céus. O povo maravilhado curvando-se a eles e os venerando como se fossem deuses descendo das alturas. Naquele exato momento eles não tiveram dúvida de que aquele povo era dócil e facilmente maleável e manipulável. E foi exatamente aí que tudo começou. Se prestarmos atenção sobre o que mudou de lá para cá na nossa atualidade, continuamos venerando artistas, jogadores de futebol e presidentes como se fossem deuses. Muitos ficam buscando nos céus vestígios de naves espaciais. E não duvido que, se uma descesse hoje na Terra, alguns se colocariam de joelhos e passariam a idolatrá-los. Alguns por medo talvez, outros por acharem que aqueles que vêm do alto sempre serão superiores

FILHOS DO AMANHÃ

a nós. Infelizmente existe ainda uma certa inocência de grande parte da humanidade ao reconhecer em si sua verdadeira divindade, força e capacidade. O criador passou a toda a sua criação infinito potencial e capacidades igualmente.

Elas estavam todas registradas nos filamentos do nosso DNA e certamente iríamos descobri-las cada uma a seu tempo. Porém, assim que eles, os Anunnakis, chegaram à Terra, começou a modificação. Os sumérios eram um povo que se estabeleceu na Mesopotâmia em 5.000 a.C. (https://mundoeducacao.uol.com.br/historiageral/sumerios-acadios.htm).

Anu era o Deus Anunnaki, pai de Enki e Enlil. Anu, regente do planeta Nibiru, dividiu sete assentamentos de terras entre seus dois filhos. Essa região recebeu o nome de Edin (Jardim do Éden), berço da humanidade, a capital chamava-se Nippur (o umbigo do mundo). Nessa época havia mais de 600 Anunnakis habitando a Terra e 300 Igigis (deuses inferiores) (https://segredosdomundo.r7.com/anunnaki/).

Sobre minha visão de mundo, parece-me que tudo está interligado. Quando cito "eles", Arcontes, Demiurgo, Anunnakis, as 13 famílias, intuitivamente tenho uma certeza: uma coisa leva à outra, os Anunnakis ainda estão entre nós. Acredito que hoje há muitas outras raças alienígenas vivendo aqui na Terra. Algumas mais evoluídas, somente porque nunca nos deixaram ativar nosso conhecimento e nossas capacidades. Sempre que estamos próximos da verdade ou descobrimos quem eles são, tratam de manipular a verdade, tentam nos emburrecer a cada dia. Prestem atenção aos jovens da geração atual, alguns parecem estar em estado hipnótico em frente aos seus aparelhos celulares, outros agem estranhamente em várias situações. Apesar de toda esta loucura que hoje vivemos, ainda tenho fé de que haverá uma geração que mudará a Terra. Acredito que os filhos do amanhã trarão a luz e a libertação, um novo começo para a humanidade. Em algum momento eles se levantarão e exigirão o que é seu por direito, tudo aquilo que foi concedido pelo verdadeiro pai criador.

Eles despertarão e reconhecerão realmente quem são. Os filhos do amanhã precisam se reconhecer como parte da criação. E está tudo no despertar de suas consciências adormecidas. Nesse dia, nada mais os deterá. Não haverá mais controle, escravização ou manipulação. Talvez não aconteça nesta geração. Muita coisa ainda está por vir. Exatamente agora, estamos provavelmente passando pelas dores do parto, conforme previsto em Apocalipse. Em Mateus 24:8, Jesus fala dos sinais do final dos tempos. Eu particularmente insisto: não precisaríamos passar pelo apocalipse caso a humanidade despertasse de seu sono profundo. E se o(s) Deus(es) que criou(aram) a Bíblia criou(aram) dentro dela toda a história do apocalipse? Até o presente momento, milhões de pessoas adultas ainda acreditam na história da maçã ou acreditam em cada detalhe narrado na Bíblia. Fico pensando no que as mídias e os celulares fazem hoje na mente das pessoas. Quando a Bíblia foi escrita não existiam mídias. Não quero dizer que tudo que está lá narrado e escrito não seja verdadeiro, mas pensem, este(s) Deus(es) sabia(m) como manipular os humanos pelo medo. Pego-me pensando se o grande criador, nosso verdadeiro pai, criaria tamanha aberração, destruição, extermínio e medo para seus filhos.

Ainda penso que por trás de tudo isso existe, sim, uma grande guerra espiritual pelo controle da Terra e posse dos humanos. Vejo grande manipulação no clima, na nossa genética, nos alimentos e nas mídias. Quantas vacinas tomamos e damos aos nossos filhos sem nos questionarmos? Atualmente comemos milhões de alimentos adulterados. Os mais perigosos são enlatados, congelados e industrializados. Quanto veneno absorvemos em nossos corpos, em nosso organismo, sem contar os remédios que tomamos. A cada remédio que tomamos para curar algo, desencadeiam-se vários sintomas e doenças. E se falarmos em algo ainda mais doentio, podemos falar, sim, das mídias, por meio da manipulação e controle em massa. Lembro-me da época da pandemia de covid-19, atendi pessoas que tinham medo até de sua sombra. Passavam o dia vendo notícias, embora eu os alertasse. Eu creio que muitos que desencarnaram tenha sido por causa do medo. Tinham pânico, sentiam falta de ar e achavam que era o vírus.

Jesus sempre me passou, não somente a mim, como a muitos outros médiuns, a seguinte mensagem: se uma grande massa crítica se reunisse em conexão com ele, vibrando na mais alta frequência de amor, fé e oração, nos elevaríamos e juntos mudaríamos a frequência do planeta. Seria necessário pelo menos 33.3,3% da humanidade. A única maneira que temos de lutar contra todo esse mal, que a cada dia se fortalece com nossa permissão, seria com uma força energética inversa.

18

O EXPERIMENTO

Você já parou para pensar, refletir sobre a sua verdade, seu papel, seu propósito? Em algum momento teve a nítida sensação de estar sendo enganado? O que mais vemos e temos hoje são as mídias poluindo nossas mentes com milhões de informações. É claro que algumas delas já me fizeram e me fazem grandes questionamentos. Desde muito pequena, sem grandes recursos, e de família humilde, me sentia diferente. Sabia que tinha algo errado, não tinha ideia sobre o quê!

Ao longo da minha jornada, vivi experiências, algumas inexplicáveis. Mas sinto a cada dia que os véus da cegueira e das ilusões se desprendem dos meus olhos. Hoje, quanto mais me conheço, mais e mais me reconheço. É claro, este livro não é sobre mim, mas quero que vocês, Filhos do amanhã, busquem como eu sair da Matrix das grandes ilusões.

Busquem conhecimento, exijam a verdade. Questionem-se! Não aceitem o controle sobre suas mentes ou seus corpos. Não sejam iludidos e enganados por todas as ilusões holográficas criadas para nossas mentes e cada vez mais para o autocontrole da humanidade. Se você estiver lendo este livro, significa que está em busca de respostas e que, de alguma forma, pensa como eu.

Não desista, vá em busca da verdade, lute por ela. Passe adiante suas ideias a respeito disso. Tirar vendas dos olhos daqueles que estão acomodados e aceitam esta realidade será um grande desafio. Ao menos se una a pessoas que pensam e sentem como você. Não desista da verdade, por mais dolorosa, difícil e triste que pareça, somente ela poderá libertar a humanidade.

19

SUA MENTE, SEU ID

Meu filho, viva tudo que lhe dei com constante alegria em seu coração. Pense em sua mente como um programa de computador, comece a limpar a caixa ID, retire todos os tipos de informações negativas de seu passado, presente e futuro e passe a reprogramá-la. Perdoe-se, perdoe, solte, deixe ir. Esses programas, lembranças, não servem mais para o presente e o futuro. Você precisa imediatamente começar a usar filtros. O que é como o que serve para você. Em primeiro lugar, decida: o meu mundo será leve, será feliz. Ou melhor, eu sou leve e feliz. Crio a partir de agora um lugar especial para mim e todos ao meu redor. Vejo e passo a sentir essa conexão, essa plenitude.

Abro os olhos pela manhã e repito várias vezes para meu novo programa, minha mente subconsciente: hoje será um dia fantástico e de infinitas possibilidades. Passe a criar diariamente em seu novo programa a sua vida ideal. Sinta a sua vida ideal acontecendo em seu coração. Verbalize, não somente pela manhã, mas várias vezes ao dia: que dia incrível estou vivendo hoje. Mesmo que isso ainda não esteja acontecendo. Você é o dono do seu próprio destino e de suas escolhas a partir deste ponto. Escolha ser feliz. Mas calma, existem em todo este novo caminho coisas fortemente importantes a serem ponderadas. Talvez você até já esteja tentando, sem resultados. Em que você está focando exatamente? Se estiver focando somente em riqueza, ganhos, bens materiais ou somente em sua saúde, seus filhos, visando apenas a você e a seus interesses, não irá funcionar. O seu novo programa requer uma nova conduta, tanto moral quanto emocional e física. Exigirá muitas mudanças de padrões. Por exemplo, você pode iniciar seu dia fazendo belas afirmações, mas se o cachorro do vizinho lhe incomodar, as contas a pagar, os boletos, o seu filho, a sua mãe ou esposa que fez ou deixou de fazer isto ou aquilo, nada disso irá travar esse velho disco rígido. Esse padrão antigo não irá se adequar ao novo. Aí está o segredo! Neste novo conceito, todas essas pessoas da sua convivência, do seu novo mundo, virão com você vibrando e ressoando em sua frequência! Seus boletos, você está feliz porque pode pagá-los e a cada dia eles estão diminuindo cada vez mais. Sinta-se se libertando deles e de tudo que o está aprisionando. Sobre as pessoas que não deseja mais nesse processo, vá despedindo-se delas e agradecendo por todas as experiências que possa ter vivido com elas, sejam boas ou ruins.

Elas o trouxeram até aqui e o ajudaram a crescer. Essa jornada exigirá de você um coração puro, suave e grato.

20

A EMPATIA E A GRATIDÃO

Empatia é colocar-se no lugar do outro, sentir a dor do outro. Empatia também é uma forma de amor.

O respeito: respeito por nós mesmos, pelo próximo, pelas crianças, velhos e animais, pela natureza, por todas as formas de vida, respeito a Deus e às religiões, mesmo aquelas que não condizem com a nossa, Quando entendemos o verdadeiro sentido do respeitar, também vibramos na frequência do amar.

Verdade: a verdade é absolutamente necessária para o nosso crescimento e a nossa evolução. Por mais dolorosa e intimidadora que possa ser uma verdade, ela sempre poderá mudar tudo.

Ela é essencial. Quando estamos sendo verdadeiros, estamos sendo fiéis a nós mesmos ou quando a buscamos. Se ao nos depararmos com ela formos compassivos e compreensivos, também vibraremos na frequência amorosa de Deus, na frequência do amor. Porém precisamos ficar atentos. Nem sempre uma verdade é absoluta. Poderá haver adversidade e lados opostos.

Sempre questione, questione-se e a estude profundamente, se esse for o caso, aceitá-la mesmo que muitas vezes seja algo assustador, também poderá nos curar, nos direcionar para a frente. A verdade em si também é uma forma de amar. Assim como a justiça, que fala do ser justo e correto, entre todas as nossas virtudes, a maior delas é o amor verdadeiro e incondicional. Pois somente ele nos conduzirá.

O amor é o dom supremo de Deus. E quando atingirmos o patamar que nos elevará ao grau máximo de entendimento e sabedoria, nos aproximaremos da grande fonte da criação, nos aproximaremos de Deus. A nossa grande alquimia aqui será nos transformarmos de uma pedra bruta em ouro ou diamante. Nenhuma consciência humana chegará a esse patamar sem uma grande mudança de conduta. Atingiremos a evolução somente por meio de cada virtude alcançada. A verdade e o respeito são grandes virtudes a serem consideradas. O respeito que devemos ter por nós, nossas escolhas e as escolhas do próximo. Hoje vemos pessoas matando, destruindo a si e ao outro por disputas religiosas, ambições e política. Os relacionamentos entre famílias, pais, mães, filhos e casais são cada dia mais difíceis. Pouco a pouco a humanidade vai perdendo sua humanidade e respeito. Ainda há uma forte esperança. Que vocês, filhos do amanhã, possam resgatar esses valores e padrões de comportamento que estão nos direcionando ao caos. O mundo está caótico. Caminhando literalmente para o abismo.

Algum dia certamente nos perguntaremos como nos permitimos chegar a isso! O meu legado aqui, assim como de todos aqueles que estão trazendo esse propósito do despertar a humanidade, é o que podemos deixar para trás, para vocês. Buscamos ao máximo contribuir com nosso conhecimento, orientação e alguns ensinamentos. Eu realmente espero do mais profundo da minha alma que estas palavras possam ajudá-los em sua jornada e no que estiver por vir.

Gratidão não é somente agradecer por isto ou aquilo.

Gratidão é muito mais, é doar-se de verdade. E sempre que fizer algo a alguém, naquele momento entregue-se e depois não olhe mais para trás. Por exemplo, fiz isto ou aquilo e aquela pessoa não reconheceu, ou agora que preciso ela finge não ver. Quando damos algo a alguém, não devemos esperar recompensa ou lá na frente ficar repetindo que este ou aquele me deve algo. Onde está a entrega e a doação nisso, se você já estiver vislumbrando algo em troca? E quanto àquele que não valoriza ou respeita aquela ajuda, vai viver na falta, provavelmente sempre em busca de ajuda. Seu copo estará sempre vazio.

Mas aquele que doou com amor, com o coração, sempre será recompensado. A vida lhe sorrirá o tempo todo, pois Deus o proverá. Por fim, aquele que espera o pagamento do outro lá na frente sempre se sentirá vazio e injustiçado. Viverá na falta também.

Que o mundo seja um lugar mais lindo e melhor para vivermos. E somente será por meio da boa conduta humana. Que este poder que emana de mim todos os dias ao acordar pela manhã se faça o maior de todos os poderes. O poder do amor. Falo da gratidão, assim como de tantas outras nossas virtudes, sobre as quais devemos sempre questionar se estamos sendo corretos ou verdadeiros. Quando falo aqui sobre questionar, silenciar ou nos ouvir, é sempre para nos lembrar o quanto nossos gestos, palavras, condutas e atitudes podem influenciar a vida do próximo, positiva ou negativamente. Muitos de nós somos seres influenciadores e influenciáveis, alguns criam padrões e outros os seguem. Quando criamos algo bom e inovador, algo que trará resultados positivos para serem compartilhados, será uma grande benção e de alguma maneira afetará positivamente.

O grande risco é quando uma determinada pessoa decide disseminar algo ruim, até muitas vezes sem ter ideia de quanto isso afetará o outro ou os outros.

21

AMOR INCONDICIONAL

Você já se perguntou alguma vez o que seria o amor incondicional, o que é o verdadeiro amor? Quantas vezes em nossas vidas nos confundimos achando que aquela pessoa é o amor verdadeiro, aquele que transcende? Quantas vezes nos enganamos. O amor é um sentimento que vai muito além do amar, estar apaixonado. É um sentimento abrangente, que vem por meio da compaixão, doação, perdão, fé. Sim, porque termos fé em nós ou no outro também é um sentimento de amor. Ele também pode ser resiliente e, por que não, um profundo sentimento de paz e aquela sensação de alegria e bem-estar, de plenitude. Também diria que ele é justo e correto, é compassivo.

O amor é um poder, é um dom. Existe para todos, mas poucos o sentem ou sentiram verdadeiramente. Por mais que possamos amar, ele está muito distante daquele sentimento que pensamos conhecer. Cristo, sim, é exemplo de amor. Por onde passava, ele exalava, irradiava tanto, mas tanto amor por meio das suas ações e palavras, mesmo sabendo de toda a maldade e crueldade humana que o aguardavam. Por isso, queridos filhos do amanhã, pesquisem a vida desse mestre, não como um mito religioso, que foi no que o transformaram, mas como um grande professor, que veio para nos ensinar a amar. Quando lemos um livro, ou assistimos a um filme, entramos sem perceber na frequência do medo, dor, alegria, seja o que for. Você terá inúmeros sentimentos ou pensamentos relacionados àquela situação. Quando forem pesquisar sobre a vida de Cristo, entrem em sua frequência com o coração e a alma. Exercitem sentir o que ele sentiu. Coloquem-se no lugar dele, o que vocês fariam? Como reagiriam em determinados momentos?

Garanto a vocês que ouvirão as próprias palavras dele ressoando em suas mentes e corações. Com o passar do tempo, irão sentir mudanças em suas vidas, por meio de suas atitudes. Não existe como não sermos melhores convivendo lado a lado com ele. Cristo moveu o mundo com seu amor. Pensem: quantas pessoas morriam crucificadas naquela época, tantos outros operavam milagres. O próprio João Batista era considerado um homem santo, mas foi ele, Cristo, quem fez com que suas palavras, atitudes e gestos de amor ultrapassassem o tempo e se espalhassem pela Terra. Esse ser de muitas dimensões e muitas moradas veio do lugar mais distante de todas as galáxias e universos. Veio diretamente do criador, por isso ele é o caminho, para que possamos também evoluir, transcender, até alcançarmos a fonte, a plenitude do pai.

22

GRANDES MENTES E GRANDES MESTRES

Filhos do amanhã, vocês devem estar se perguntando "Como faço para buscar o autoconhecimento? O que é o autoconhecimento?". E eu lhes digo! Ainda não existem verdades absolutas, mas podemos aprender por meio dos livros, dos nossos antepassados, nossos ancestrais. Estudando os sumérios, os gregos e os romanos por meio da Bíblia, fazendo pesquisas profundas e, por fim, pelos grandes mestres que passaram por aqui. Jesus Cristo, Buda, assim como as grandes mentes científicas, como Albert Einstein, Tesla, Benjamin Franklin e tantos e tantos outros. Ciência e espiritualidade andam juntas. Não existe separatividade. Busquem o conhecimento sobre como viviam, agiam, se vestiam, o que comiam, pensavam e como nós, humanidade, chegamos até aqui. O que mudou e o que aprendemos? O que devemos melhorar e qual o nosso propósito?

Em primeiro lugar busquem o conhecimento. Esse será o primeiro passo. Depois tenham sabedoria e discernimento para usá-lo, conheçam seu corpo e sua mente. Estudem, aprendam, pratiquem e ensinem o que os grandes mestres da espiritualidade vieram nos ensinar. Não se vinculem a dogmas, religiões ou gurus que possam os aprisionar.

Mantenham suas mentes abertas e despertas. Questionem e questionem-se sempre. Estamos vivendo um grande momento na Terra, onde existem milhões de profecias e profetas, cada um trazendo suas verdades, mas sabemos que nenhuma delas é uma verdade absoluta. Portanto, o melhor caminho, além do conhecimento, é prestarmos atenção aos verdadeiros ensinamentos de Cristo e dos grandes mestres da história, mantendo a mente sempre aberta e flexível ao autoconhecimento.

Muitas vezes Jesus fala que devemos ouvir nosso coração e seguirmos nossa conduta por meio do amor, da empatia e do perdão. Para nós pode ser o caminho reto que nos direciona à verdade sobre quem somos. Somos filhos da criação, somos amor infinito. Conheçam a verdade e ela os libertará. Se tivermos todo o conhecimento do mundo, mas não tivermos amor e sabedoria para usá-lo, de nada nos servirá. Somos o que somos! O mais puro amor.

23

SALMO 91

"Aquele que habita no esconderijo do altíssimo e descansa à sombra do onipotente diz ao Senhor: Meu refúgio e meu baluarte, Deus meu em quem eu confio.

Pois ele te livrará do laço do passarinheiro e da peste perniciosa. Cobrir-te-á com as suas penas e sob suas asas estarás seguro; a sua verdade é pavês e escudo. Não te assustarás do terror noturno, nem da seta que voa de dia. Nem da peste que se propaga nas trevas nem mortandade que assola ao meio-dia. Caiam mil ao teu lado e dez mil à tua direita, tu não serás atingido. Somente com os teus olhos contemplarás e verás o castigo dos ímpios. Pois disseste: O Senhor é o meu refúgio, fizeste do altíssimo a tua morada. Nem um mal te sucederá. Praga nenhuma chegará à tua tenda. Porque aos seus anjos dará ordens a teu respeito, para que te guardem em todos os teus caminhos. Eles te sustentarão nas suas mãos, para não tropeçares em nenhuma pedra. Pisarás o leão e a áspide, calcarás aos pés o leãozinho e a serpente. Porque a mim se apegou com amor, eu o livrarei; pô-lo-ei a salvo, porque conhece o meu nome. Ele me invocará, e eu lhe responderei: na sua angústia eu estarei com ele, livrá-lo-ei e o glorificarei. Saciá-lo-ei com longevidade e lhe mostrarei a minha salvação".

Este salmo me eleva profundamente à consciência crística. Em meus momentos mais difíceis, me senti fortalecida e protegida e sinto nele amorosidade e fé. Sinto que Jesus se manifesta em mim. Por isso compartilho na esperança de que possa ajudá-los também.

24

A VINDA DE JESUS E A CRUCIFICAÇÃO

Um dos meus maiores questionamentos sempre foi sobre a morte e crucificação de Jesus. Por mais que eu tentasse, não conseguia entender o verdadeiro propósito. Eu sabia que existia, mas não me conformava com a ideia de as religiões baterem na mesma tecla de que ele morreu para nos livrar de nossos pecados. Se esse fosse seu propósito, o que aprenderíamos em nossa passagem? Por que nos preocuparíamos em não os cometer, já que o mestre nos livraria? Qual o aprendizado evolutivo?

Depois de anos de reflexão, sinto a clareza em minha mente. Agora entendo que toda dor, humilhação, sofrimento, rejeição de muitos, os quais ele ajudou, eram uma das maiores lições que ele queria nos ensinar. Não importa tudo que tivermos de passar, quando chegar o momento da chamada morte, apenas atravessaremos uma ponte ou um véu. Acabou tudo, mas, definitivamente, não será o fim, sempre haverá um novo começo.

A morte é somente mais um dogma, um medo imposto por aqueles que têm o domínio e o controle sobre a humanidade. Todas as grandes lições e aprendizados que Cristo veio nos trazer foi para não temermos nada, aconteça o que acontecer, não temermos nem mesmo a morte. Nossa mente está condicionada a muitas ilusões. A verdadeira realidade sobre quem e o que somos está além da fronteira da mente. Para que possamos entender, precisamos ultrapassá-la e entrar em nossa consciência.

A chave é a consciência, ela é a libertação de todas as nossas ilusões e crenças limitantes. Quando por fim entendermos e aceitarmos essas verdades, seremos livres.

Quando Jesus esteve aqui, ele trouxe conhecimento. Em seus ensinamentos, nos ensinou o poder do compartilhar por meio da cocriação. Com apenas alguns peixes e pães, ele dividia e alcançava para uma multidão inteira. Ele abria a sua mente e a expandia até sua consciência, que o conectava com o pai em um profundo estado de amor e gratidão. Então ele cocriava com o divino. E assim ele o fazia quando curava, passava suas palavras e ensinamentos. Os seus 40 dias no deserto o despertaram e o levaram ao nível mais profundo de sua consciência, o religaram à grande fonte de onde veio. Agora ele sabia quem era e qual era seu propósito na Terra. Então ele uniu seus apóstolos para lhes ensinar e repassar o que aprendeu. Jesus já sabia que ao levar sabedoria e conhecimento ao povo, ele os libertaria da escravidão. Infelizmente ele sabia também que os seres ocultos, aqueles que detêm o poder aqui, os perseguiriam, mas que precisava passar adiante. Por isso levou a cada um de seus apóstolos. Sua intenção não era que se tornassem santos, mas que cada um deles seguissem passando adiante o conhecimento. Mais uma vez a verdade foi camuflada, fazendo com que aqueles que receberam o conhecimento fossem perseguidos e, com o passar do tempo, tornaram-se santos e mártires pela igreja. Na época os seguidores de Jesus, aqueles que tinham aprendido os conhecimentos, sofriam muitos medos e represálias, tinham de abafar o que sabiam pelo medo. Temiam por suas vidas e de seus mais próximos. O controle e a manipulação sempre existiram e todas as vezes em que o homem está próximo da verdade, ele é desviado do seu caminho.

Acontecem coisas em suas vidas tentando desviá-lo de seu verdadeiro propósito. As mídias jogam diariamente em sua mente milhões de informações para confundi-lo. Sempre assim, todas as vezes que nos aproximamos da nossa verdadeira identidade sobre quem somos, algo nos desvia. Vivemos um looping de emoções controversas, de incertezas e insatisfações humanas.

A vinda de Jesus tinha o propósito de despertar a humanidade. O que Cristo quis nos ensinar é que cada um de nós entenda e aceite a verdade sobre quem realmente somos. Muitos dos ensinamentos passados para seus apóstolos eles praticavam, mas mesmo assim suas mentes não conseguiam assimilar a capacidade da grandeza de suas consciências. Cristo queria que soubéssemos que todos somos deuses. Todos somos filhos da fonte. Sentimo-nos tão pequenos e incapazes, mas somos infinitos, temos os dons de curar e sermos curados, de criar grandeza e beleza em tudo. Trazemos a vida à Terra. Mesmo que não acreditemos, somos os cocriadores de Deus. Para o homem é mais cômodo aceitar sua triste condição humana, sua limitação impregnada em sua mente. É mais fácil permitir ser controlado, pagar impostos abusivos, ser escravizado do que acreditar em seu poder.

Para ele acreditar em si, em seu dom, seria como afrontar Deus, o que é uma grande mentira. Quando uma criança nasce, seus pais maravilhados querem que seu filho se pareça com eles. Normalmente teremos semelhanças com nossos pais, pois está em nossos genes e DNA. Acontece que, dentro de tudo que foi criado e gerado por Deus, ele é parte de nós e somos parte dele, seus filhos. Como então não teremos a sua semelhança? Cristo veio nos ensinar a transcender. Tudo, absolutamente tudo, está em nossas mentes. O homem vive como um pequeno peixinho em um aquário. O pobre pequenino vivia feliz em um imenso oceano, um dia o pegaram em uma rede e o transferiram para um aquário. No início ele sofria, sentia falta do mar, mas com o passar do tempo acabou resiliente, aceitando sua condição. Para cada um de nós, existe um oceano imenso de possibilidades, mas a acomodação e o medo do desconhecido em nossas mentes nos aprisiona em nosso pequeno aquário.

25

A REENCARNAÇÃO

Este é um outro tema bem importante que quero compartilhar. Muito jovem ainda, comecei a ter curiosidade sobre esses assuntos, então passei a pesquisar. Na minha época existiam pouquíssimos recursos. Para entender melhor o que se passava comigo desde criança, dentro do pouco conhecimento que tinha, comecei a viver minhas próprias experiências desde cedo, mais precisamente aos meus 5, 6 anos.

Lembro-me de ter tido algum conhecimento em minha adolescência, a minha primeira regressão conduzida foi por volta de meus 20 anos. Na cidade onde eu vivia, depois de ter passado parte da infância e pré-adolescência no interior, descobri um local onde trabalhavam com vários tipos de energias, pêndulos, pirâmides, regressão.

Confesso que ali se iniciou para mim um grande processo de autoconhecimento. Senti-me de imediato como se estivesse em casa, já fazia por minha conta, com experiências na adolescência. Realmente era isso que de certa forma eu buscava. Lembro que a primeira experiência de regressão foi mágica. Minha infância foi muito triste, perdi meu pai aos 7 anos. Éramos vários irmãos e éramos muito pobres, mas com certeza vivemos boas lembranças juntos.

Infelizmente o tempo foi apagando a maioria delas. Foi aí que, nessa regressão, fui levada a um momento incrível que me despertou uma grande alegria do passado. Voltei mais ou menos aos 6 anos de idade. Minha mãe preparava pão, chamávamos de pão sovado. Então ela estava fazendo, como dizíamos, uma fornada, pois éramos muitos, enquanto eu e minhas duas irmãs menores fazíamos pequenos bonecos de pão em torno da mesa e acrescentávamos os olhinhos com feijão. Não cheguei a ir a vidas passadas nesse dia, mas regredi até esse momento que ficara perdido na memória.

Foi muito especial, uma doce lembrança. Algo que estava totalmente adormecido. Preciso passar um pouco de minhas experiências para que entendam como cheguei aqui. Depois disso, eu sabia, tinha certeza de que em nossas mentes estão arquivados todos os registros e informações sobre todas as nossas vivências desta e de vidas passadas. Nossa memória é exatamente como um computador, registrando e arquivando cada momento de nossa existência.

Depois desse conhecimento, comecei por minha conta a vivenciar minhas histórias de vidas passadas. A partir de então, aprendi e presenciei muitas vidas, não somente minhas, como de muitos pacientes, por meio do meu trabalho de apometria. A roda de Sansara sempre achei fascinante o mistério, o oculto, mas confesso que com o tempo passei a fazer meus questionamentos sobre o sentido real de vivermos neste looping de idas e vindas. Claro, algumas religiões e filosofias que eu frequentei trouxeram suas respostas, seus pontos de vista sobre a oportunidade de evoluirmos a cada retorno, nos tornando melhores. E, a cada ida e vinda, recebendo o véu do esquecimento. Houve uma época em que esse assunto despertava grande curiosidade nas pessoas.

Algumas até se autoafirmavam sobre terem sido reis ou rainhas, pessoas importantes. Nunca me vi ou senti como tal. Aliás, compartilho com vocês uma de minhas vivências. Eu era uma pobre camponesa na China, plantadora de arroz. Iniciei a regressão vendo-me em um campo, com aqueles vestidos típicos da região, chapéu, botas de borracha e um enorme sobretudo preto, porque fazia muito frio e o local tinha água, era muito lamacento e úmido.

Lembro-me de cada detalhe. Depois eu soube que a terra para o plantio de arroz tem de ser assim. Voltando à história,

FILHOS DO AMANHÃ

tinha próximo a mim um menino de uns 5 anos, mais ou menos. Ele estava a brincar na água lamacenta e a me chamar: "Mamãe, mamãe, olha, venha brincar comigo". Ao longe, lembro-me de um homem também com botas pretas de borracha e um enorme sobretudo preto, que estava a plantar o arroz. Ele ralhava comigo e com a criança: "Vamos trabalhar, sem trabalho não há futuro, não há mudança". Então eu sentia uma imensa dor no peito e uma grande tristeza. Olhava para o alto, para o céu, e via entre o azul nuvens mudando de lugar. Pensava se, assim como elas, minha vida um dia mudaria.

Lembro-me também da casa em que eu vivia, era grande, de madeira, os pés bem afastados do chão. Morávamos todos juntos, sogros e sogras, meu marido e filho. Dormíamos todos espalhados pelo chão. Nesta vivência, morri de tuberculose aos 37 anos. Vi e vivi muitas outras, entre ser soldado, monge, esposa de general. Assim como eu, todos que estão aqui tiveram suas histórias, talvez como você que está lendo agora.

· Filhos do amanhã, estou relatando algumas de minhas experiências para que vocês busquem a verdade. Não se acomodem na ilusão. Não percam tempo com coisas fúteis e banais, busquem se conhecer melhor e entenderem quem são, quais os propósitos desta e de outras existências. Às vezes me questiono: será que não somos mesmo um experimento? Vivemos em uma realidade criada? Ou será que vamos deixar o tempo passar até que passemos décadas e séculos de olhos fechados.

A verdade liberta. Tirem, arranquem o véu da inconsciência, das ilusões. Será realmente que vocês querem e precisam viver este looping de idas e vindas, continuarem nesta inércia da ilusão e da mentira? E, se tiverem de viver, que seja por suas livres escolhas. Sabendo ao menos a verdade e o porquê de todo esse processo. Minha visão sobre o caminho evolutivo de aprendizado dentro da reencarnação: creio ser muito válido.

É claro que temos de reparar nossos erros. Lei da ação e reação, mas o fato de tudo ser velado, escondido. Não sermos preparados para a vida, nem sequer para a morte, gerou medo, incertezas e culpas na humanidade. Sinto em meu coração que isso não é sobre Deus, e sim sobre aqueles que detêm o conhecimento e sempre nos ocultaram.

Tenho fé que vocês descubram essas verdades e, quando finalmente vierem à tona, seremos libertados.

26

VIVEMOS EM UM LOOPING

Entendam, minhas queridas crianças, não há morte, ela é somente um véu da ilusão em que vivemos. Somos eternos por meio do tempo e de nossas consciências, tudo aqui neste mundo terreno é ilusório, feito de matéria e se decompõe. Mas nós, por meio de nossas consciências, somos imortais. O que realmente nos limita nada mais é que o controle sobre nossas mentes. Entendam, vocês são muito além do que pensam ser e daquilo que seus olhos podem ver.

Tudo o que vemos apenas pelo nosso olho físico nos limita. É preciso abrir-se para o novo, aquilo que jamais limitará nossa visão infinita. Queridos filhos do amanhã, tirem suas amarras, deixem suas vendas caírem ao chão. Não finjam que está tudo bem. Não é verdade, nunca foi. A mídia criou a ilusão para os olhos dos homens. A humanidade se alienou neste mundo, rendeu-se a ele. Estão todos aos poucos apagando sua luz e sendo levados ao esquecimento de quem são.

A cada dia que passa estamos deixando partes de nós pelo caminho. E, em alguns breves momentos, quando paramos e nos olhamos no espelho, já não nos reconhecemos mais. Precisamos despertar. Nas mídias temos visto muitos animais andando em círculo. Não percebemos, mas também estamos agindo assim. Ao acordar, abrir os olhos, a primeira coisa que fazemos é pegar o celular e correr para as mídias. Isso acontece atualmente com a maioria de nós, humanidade. Fazer uma prece, silenciar, refletir, nos questionar vai ficando no esquecimento. Queremos diariamente saber o que está acontecendo no mundo. Qual o novo produto para o emagrecimento ou o rejuvenescimento, qual a melhor moeda para investimento... e neste looping, neste círculo eterno, vamos vivendo meio sem propósito, sem sentido e quando nos deparamos com o tempo, ele passou. Envelhecemos, nossos filhos cresceram e já não sabemos mais quem somos. Por isso eu peço a vocês que estudem e reflitam sobre as minhas palavras.

Não se iludam com coisas fúteis que tirem seu foco. Não percam seu tempo com coisas inúteis. Usem seu tempo, suas palavras, seus pensamentos, suas ações com dignidade, respeito e amor a vocês e ao próximo. Façam cada minuto de sua vida terrena valer a pena, criando e construindo laços verdadeiros e dignos dos filhos de Deus. E se por acaso você se perguntar quem é Deus, afinal, apenas siga seu coração dentro da presença do amor. Lá ele estará.

Não deixem o brilho nem sua luz apagar assim como nós o fizemos. Deus é criativo e criador. Ele realmente quer seus filhos prósperos e felizes. Quando alcançamos nossos propósitos com amor, respeito ao próximo, dedicação e compartilhamento, todo o bem ou tudo o que fazemos se multiplica e cresce. Essa é a lei da vida. Assim como as flores, elas nos dão sua beleza e enfeitam nosso jardim, mas precisamos cultivá-las, regá-las. Dar espaço a elas e deixá-las viverem e crescerem. Amor, cuidado, reciprocidade, respeito e gratidão são fundamentos indispensáveis para a nossa evolução. E, por isso, precisamos de tempo para nossas mentes inquietas. Precisamos relaxar para poder ouvir a voz de nossos corações. A voz que nos eleva e nos religa a quem somos. O som das estrelas. Lá estará a voz de Deus. É claro que o mundo está mudando e as mudanças são necessárias para nossa evolução. Porém, o cuidado que devemos ter é como vamos enfrentar e lidar com elas. Vamos permitir perder o melhor que somos? Vamos deixar as nossas verdadeiras emoções e sentimentos humanos se esvaírem? Deixar o amor congelar em nossos corações? Entramos em uma guerra destrutiva, onde tudo pode. Quem se importa? Vou cuidar de mim. Quais são os reais princípios e valores que estamos passando adiante para nossas crianças? Acredite, as mídias não darão valores essenciais para seus filhos. Bem pelo contrário, certamente impregnarão lixo e controle às suas mentes. Pais presentes, disciplina, respeito e amor é o que eles precisam para tornarem-se adultos livres e saudáveis. Muitos de nós são semente das estrelas, assim como nossos filhos, temos de relembrar quem somos. Não deixemos que esse brilho se apague. Se não agirmos fortalecendo nossa luz, entraremos em uma era de trevas e escuridão.

Parece que aos poucos a humanidade começa a acordar e perceber que está o tempo todo repetindo velhos padrões, sejam eles nas relações de amizades, relacionamentos, no dia a dia e até mesmo em tudo aquilo que está sendo imposto pela sociedade. É como se este velho mundo de ideias impostas, este velho mundo arcaico, estivesse vindo ao chão. Como se fosse a carta da torre do tarot.

Ela está despencando, vindo ao chão. As ideias, os conceitos e padrões já não servem mais a esta dimensão, a este novo tempo. Às vezes precisamos deixar o velho cair para que o novo se manifeste. E isso serve tanto para nós como para este tempo em que vivemos. O caminho se repete o tempo todo, seja em nossas vidas, seja no planeta.

O tempo da caça às bruxas passou, mas muitos ainda continuam sendo perseguidos e mortos por suas crenças e valores. Quando olhamos para trás, percebemos que as leis, a política e algumas religiões seguem o velho contexto. Ou melhor, pioraram, impondo cada vez mais escravidão e medos nas mentes humanas. E entre hierarquias de reis e rainhas que comandavam e detinham o poder, o que mudou foram somente os títulos, pois os grandes em sua soberba continuam impondo o poder sobre a raça humana. Basta o pequeno gesto do apertar de um botão para que sejamos todos aniquilados.

A verdade é que esse looping continua. Isso somente se repete. Estamos todos à mercê, escravizados pelo medo. E, em algum dia qualquer que seja decidido por eles, seremos apenas pó. Assim como no Império Romano muitos caíram, não por nós, mas por outros que já estavam prontos para assumir o controle, o comando. Essa guerra nunca foi nossa. Apenas como fantoches assistimos calados e amedrontados a essas batalhas sem fim.

Muitos indo ou mandando seus filhos jovens para perderem suas vidas em uma guerra. Guerras que na verdade nunca foram nossas, e sim dessas sociedades secretas, alimentadas por nós em todos os sentidos. Nossas fraquezas e medos. Nossas frágeis condutas.

Morremos e reencarnamos revivendo sempre as mesmas histórias, somente mudando o cenário e os atores. Viveremos nesse looping até quando? Eles nos consideram pequenas e inúteis formigas, mas na verdade somos nós quem trabalhamos e lutamos para pagar impostos e tributos abusivos, vamos às guerras impostas por eles, e o que fazem? Apenas nos distraem com as mídias e milhões de brinquedos supérfluos e bugigangas de que, na maioria das vezes, não precisamos.

Parecemos pequenas criancinhas nos divertindo em um grande parque de diversões, muitas vezes antes do abate. Na verdade, são eles que se divertem com nossa conduta infantil. Somos seres inteligentes, muito mais do que pensamos, infelizmente não só fomos geneticamente manipulados, mas também nossas condutas humanas. A luz que éramos aos poucos vai apagando e ficando para trás, no esquecimento.

Nossas verdades já não são absolutas. Não são reais e muito menos absolutas. Os despertos estão aos poucos percebendo os gatilhos criados em nossas mentes. Estou falando em prisão mental, em condicionamento. Quantas e quantas vezes você já deve ter decidido mudar sua conduta alimentar, acabar com seus vícios e até mesmo atitudes e posicionamentos como ser. Sabe que precisa muito. Mas aí você liga a TV ou pega o celular e, pronto, o gatilho é acionado.

As primeiras cenas que aparecem são casais bebendo romanticamente uma taça de champanhe em um lindo cenário, ou um belo jovem abrindo alguma bebida alcoólica para comemorar, muitas vezes também para esquecer uma dor ou uma perda. E aqueles tipos de alimentos que você resolveu erradicar da sua vida novamente aparecem nas mídias que acionam seus gatilhos, aí você pensa: "Que mal há em beber uma taça hoje?" ou "Por que não comer hoje e amanhã começar novamente minha dieta, meus cuidados?".

Esses são apenas alguns exemplos que têm aprisionado o homem em seu constante processo de idas e vindas sem fim. De uma maneira sutil, até parece inocente e gentil, vamos caindo na grande teia, o looping infindável da vida. O caminho evolutivo e as mudanças são importantes, são fundamentais. Precisamos parar de andar em círculos.

Todas as jornadas e lições percorridas, por mais dolorosas que possam parecer, estão apenas tentando nos despertar para a verdade, para a vida.

O homem precisa aceitar que a verdade pode ser dolorosa, mas ao mesmo tempo libertadora. Se soubermos tirar do conhecimento o entendimento e a sabedoria para lidar com ela, seguiremos em frente, mais firmes e fortes, cientes de quem somos. Aos poucos nos livraremos de amarras, vendas e correntes para nos tornarmos livres novamente. Quero muito ter fé, crer em nós, raça humana, e no grande despertar.

Ou será que iremos viver o grande apocalipse? O apocalipse do controle. Aonde eles novamente irão resetar o planeta, irão aniquilar as raças e apagarão nossas mentes. Farão um grande reset para que tudo recomece do zero. Isso apenas em nossas mentes, é claro. Já o fizeram tantas vezes. Será mais uma apenas. Mais um looping de idas e vindas.

27

CAMINHO EVOLUTIVO

O verdadeiro caminho evolutivo começa no coração!

A humanidade precisa de um salto de fé!

A fé é movida pelo verdadeiro amor!

A grande evolução humana somente se fará por meio do amor universal.

Esteja desperto e aceite o novo como um presente.

Somente a verdade trará a libertação da raça humana.

28

SOMOS ENERGIA, FREQUÊNCIA E VIBRAÇÃO

Conforme já tinha mencionado nos capítulos anteriores, gostaria de abordar um pouco mais a fundo como funcionam as frequências em nossas vidas. Por exemplo, para que uma TV funcione, precisamos sintonizá-la em algum canal. Nesse canal, o filme ou programa, a música, seja o que for, entrará em sua frequência e assim também funcionam os outros tipos de mídias.

E é assim que as grandes empresas crescem e se alimentam, tudo por meio de nossas frequências. Por exemplo, você começa a assistir a um vídeo de um doce maravilhoso. O que faz? Corre para a cozinha ou o supermercado. Quando vê na mídia alguém bebendo algo, um vinho ou refrigerante, logo vem aquela sede, não é? Você está assistindo a um filme de terror, sabe que é criação cinematográfica, mas acaba entrando na frequência. Ao ir dormir, não terá um boa noite de sono, provavelmente terá pesadelos. Uma pessoa corta você no trânsito e aí passam a se agredir verbalmente, pronto, já estragou seu dia, porque entrou naquela frequência.

Somos energia, frequência e vibração. Tudo no planeta gira em torno disso. Somos controlados e manipulados por ondas e frequências. A música pode colocar você em um transe hipnótico. Quando os índios cantavam e dançavam a dança da chuva, eles estavam ativando as frequências das águas do planeta. Hoje sabemos que até mesmo os governos manipulam os movimentos da terra. Os conspiradores falam de armas biológicas, assim como armas para mudar o clima, criar grandes tempestades, vendavais e até furacões, muitas delas por meio de sons e frequências.

Quanto mais o homem descobre seu potencial, mais torna-se destrutivo e imoral. Para se proteger é preciso aprender a entender qual frequência é boa ou ruim para você. Em qual frequência irá sintonizar seu dia, sua família, sua vida. Preste atenção, frequências boas e ruins estão nas pessoas também. Às vezes seu telefone toca e você está em um ótimo dia, de repente começa a falar e assim que desliga sente-se estranho, enjoado, ou até com alguma dor, como se surgisse do nada. Acredite, às vezes podemos entrar na frequência do outro e até mesmo sem querer sugar a sua energia, se não estamos bem, assim como o outro, da mesma forma.

Por isso devemos sempre vigiar e orar por nossos pensamentos e mentes, elevando-nos espiritualmente incansavelmente.

Viva e vibre o mais alto que puder na frequência do amor. Essa é a arma mais poderosa até mesmo contra o poder das trevas. A música e os sons criam um forte impacto sobre nossas ondas sonoras cerebrais, afetando assim nosso estado emocional. Como mencionei anteriormente, ainda hoje praticam a dança da chuva. O ritual consiste em bater a água do rio com galhos colhidos de uma árvore, no Mato Grosso. Também são usados cipós que possuem água em seu interior, por isso "atraem a chuva", dizem os pajés. Na manhã seguinte da dança da chuva, grande parte do estado de Roraima foi atingido por uma forte chuva. Mas a meteorologia já previa chuvas naquele período, e dois dias antes do ritual havia chovido um pouco em algumas regiões (https://www1.folha.uol.com.br/fsp/1998/4/04/folhinha/6.html).

Preste atenção, a maioria dos rituais, para o bem ou o mal, são feitos por meio de danças e músicas. A música e os sons têm sido bastante estudados. O fato é que, finalmente, estamos entendendo o grande efeito provocado em nossas emoções. Uma boa música pode tanto provocar relaxamento como dores de cabeça, fortes emoções e lembranças tristes e alegres do passado. Pode transportar seus pensamentos para uma bela praia, para montanhas, paisagens ou lembranças de acontecimentos trágicos.

De alguma forma, os sons ou a música irão afetar sua emoção sensorial.

Na África, muitas tribos acreditam que alguns sons, como batida de tambor, cantos ou música, invocam demônios. Para eles, o funk, tão apreciado no Brasil, em algumas regiões, invocam os demônios da sexualidade.

Apenas repasso a vocês, filhos do amanhã, com minhas simples palavras, o que está me sendo direcionado por meio da amada mestra Maria de Magdala, nas lições mais importantes passadas a ela. O surgimento das danças em grupo aconteceu por meio de rituais religiosos, em que as pessoas faziam agradecimentos ou pediam aos deuses, ao sol, à chuva. Os primeiros registros dessas danças mostram como elas surgiram, no Egito, há dois mil anos antes de Cristo (https://brasilescola.uol.com.br/artes/danca.htm).

Em nossas culturas e tradições, existem muitas mudanças a serem feitas, a começar por cada um de nós. Quando conhecermos o verdadeiro significado das coisas, podemos respeitá-las e honrá-las ou simplesmente excluí-las de nossas vidas. Decidir sobre a sombra ou a luz é uma escolha sua. Ninguém poderá fazer por você, mas aceitar as consequências também será um resgate somente seu.

Mais uma vez, insisto, não é sobre religião, e sim sobre causa e efeito.

Escala das Emoções, Dr. David Hawkins

Frequência (Hz)	Nível de Consciência
700+	Iluminação
600	Paz
540	Alegria
500	Amor
400	Razão
350	Aceitação
310	Boa Vontade
250	Neutralidade
200	Coragem
175	Orgulho
150	Raiva
125	Desejo
100	Medo
75	Tristeza
50	Apatia
30	Culpa
20	Vergonha

Na escala de Hawkins, ou escala da consciência, o doutor David Hawkins ressaltou a descoberta de que todos os átomos e as partículas subatômicas são energias que atuam na consciência humana. O resultado foi uma dissertação de doutorado cientificamente validada que comprova que a consciência de cada ser humano tem uma frequência vibracional. Todos os objetos possuem energia, energia que vibra no que é conhecido como escala da consciência.

Portanto deixo a vocês a indicação de seu livro *Poder versus Força: Uma anatomia da consciência humana* (David R. Hawkins, 2019) e sua tabela de frequências. E não esqueça: você é o que é, energia, frequência e vibração. Decida-se agora e eleve a sua. Quando sua frequência estiver elevada, ela estará em alfa; quando estiver em baixa, estará em ômega.

29

A BÍBLIA E O APOCALIPSE

Lembro-me de que há alguns anos Jesus me pediu que eu lesse o livro de Apocalipse. Sempre tive Bíblia em casa e a mantive aberta no Salmo 91, meu preferido. Quanto ao restante da Bíblia, sei que posso estar errada, para mim existem muitos questionamentos. Em alguns poucos capítulos que conheço, vejo um Deus mau e vingativo. Um Deus que manda matar tribos inteiras, inclusive crianças, bebês recém-nascidos, inocentes. Um Deus machista que parece menosprezar e diminuir as mulheres. Um Deus que manda um homem matar seu próprio filho para provar devoção. E aí eu olho para Jesus, seu filho. O Deus em que eu me espelho e reconheço. Este Deus filho que é puro amor, pura sabedoria, humildade e compaixão.

Um ser que não exige sacrifícios, ama incondicionalmente, perdoa incondicionalmente. Até me faltam palavras para descrevê-lo, pois sua passagem aqui nos permitiu conhecer os mais puros sentimentos humanos. Será mesmo que o Deus da Bíblia seria o verdadeiro pai de Jesus? Como um pai e um filho poderiam ser tão diferentes? Sei que esse questionamento pode parecer blasfêmia.

Isso jamais foi questionado, creio eu, mas vejo que ela também cria uma resistência e um certo controle nas mentes da humanidade. Eu acredito que ela tenha sido manipulada pelas mãos dos homens e há inúmeras controvérsias que talvez não sejam verdadeiras.

Acredito, sim, nas passagens e palavras de Jesus e no evangelho de João. Simplesmente não consigo ver um Deus infinitamente puro, criativo e criador agindo de forma destrutiva e vingativa, ou talvez o homem ainda não a tenha decifrado como um condutor, como um guia para evoluirmos, não da maneira como a temos conduzido. Dá para perceber que a maioria das coisas escritas são como uma espécie de códigos.

Eles, aqueles que não querem que saibamos a verdade. A grande jogada da não luz é o controle das massas. Nossas mentes controladas por um livro, por palavras, ideologias, guerras, conflitos, disputas sobre religiões, política. Quanto mais lutas e discórdia, mais difícil se torna o jogo. Eu infelizmente a vejo como algo de disputa e poder. A minha visão é que existem verdades e riquezas na Bíblia, que pouquíssimos mestres conseguiram decifrá-la. Estes, sim, conseguiram ascender por meio de conhecimento, sabedoria e prática.

A meu ver, a maioria de nós não entendeu, muito menos pratica seus verdadeiros segredos e mistérios. Surpreendentemente, enquanto estou escrevendo este capítulo, escuto em minha mente: "Você deve vibrar na consciência infinita. Aquela que a move para o alto e não para baixo". Na verdade, meus grandes questionamentos não são sobre a Bíblia em si. Sim, eu creio na maioria das coisas escritas, mas me questiono se estamos entendendo o que ela está nos ensinando realmente.

Meu maior conflito é buscar respostas e verdades. Citarei um capítulo de Mateus 6:25 e 6:29, em que são narradas as palavras de Jesus sobre a simplicidade e, ao mesmo tempo, a beleza e a certeza da fé: olhai os lírios nos campos e as aves que voam no céu. De uma maneira sutil e quase poética, os apóstolos seguidores de Jesus iam narrando e escrevendo suas palavras. Entre pesquisas feitas, descobri que o Salmo 91 pode ter sido escrito pelo rei Davi.

Embora nenhum autor seja mencionado no texto hebraico desse salmo, a tradição judaica o atribui a Moisés, com Davi compilando-o em seu livro dos salmos. A tradução grega da Septuaginta do Antigo Testamento atribui a autoria do Salmo 91 a Davi (https://pt.wikipedia.org/wiki/Salmo_91).

Quando Davi escreve o Salmo 91, fala sobre a proteção que encontramos em Deus, quando nossa vida está entregue a Jesus. Quando ele fala sobre o laço do passarinheiro, no verso 3, se refere às circunstâncias que aprisionam nossa alma, laços que são amarrados para nos impedir de prosseguir (https://vm.tiktok.com/ZMkRg1hmR/).

30

QUEM SÃO "ELES", OS CONTROLADORES

Vocês perceberam que em vários momentos eu tenho citado "eles", os controladores? Sim, somos controlados aqui há milênios. Não apenas por um grupo, os "Arcontes" descritos por Jesus, como também uma "elite" das 13 famílias mais ricas do planeta. Elas detêm todo o poder do dinheiro do nosso mundo. Mas primeiramente gostaria de dar a vocês um pequeno resumo sobre quem são os Arcontes.

Os Arcontes são seres demoníacos, segundo Jesus, conforme manuscritos encontrados em 367 d.C. chamados de Cristianismo Primitivo. Para o gnosticismo existem dois deuses: um bom, que seria o criador absoluto dos universos e outro chamado Demiurgo, criador do nosso universo. Para os gnósticos, fomos aprisionados em corpos humanos. Esse deus chamado Demiurgo seria o criador do nosso mundo material. Jesus tentou passar a Tiago as informações sobre seu propósito verdadeiro na Terra. Ele veio para nos alertar.

As informações nesses manuscritos, são que o nosso mundo material seria uma espécie de Matrix e que os Arcontes, seres trevosos, criados por Demiurgo, nos impedem de ver além do véu, de ultrapassarmos as barreiras da mente para que possamos nos elevar até nossa consciência infinita e, assim, rasgarmos o véu para ascender até o caminho da luz, o verdadeiro pai!

Existe uma cópia encontrada em 1945, na biblioteca de Nag Hammadi. O livro de Gênesis se expressa como sendo uma mitologia gnóstica. Podemos dizer também que Demiurgo, assim como seus Arcontes, seriam seres demoníacos que basicamente se alimentam de nossas dores, tristezas e tragédias (https://www.youtube.com/@fatosdesconhecidos). Tenho falado bastante aqui sobre os controles mentais, o quanto devemos ficar atentos à nossa mente e aos nossos pensamentos. Como dizia Jesus, "vigiai e orai". Somos e vivemos constantemente manipulados e atacados pelos controles mentais do mundo físico, mental e espiritual. O físico nos controla diariamente por meio das mídias. O mental é a forma como nossas mentes agem e pensam por meio das informações que nos chegam. E o espiritual é aquilo que não vemos, mas sentimos. Mais difícil de controlar. E é aí que, na maioria das vezes, entram os Arcontes no controle.

Eles são, para alguns, seres alienígenas, anjos caídos ou demoníacos.

São criaturas que manipulam nossas mentes, manifestando pensamentos ruins e de baixa vibração. Acarretam medos, pânico, doenças e milhões de outros sintomas que atingem nosso espírito, atingindo por vezes nossos corpos físicos. Por isso precisamos ficar sempre alertas, atentos aos nossos pensamentos e às reações do nosso corpo, para não sermos enganados e manipulados. Como não permitir essa manipulação? Vibrando alto, com muito otimismo, dançando, cantando boas músicas. Dizem que quem canta seus males espanta. Pura verdade. Sempre que vierem pensamentos ruins, lembranças ou tragédias, temos de reverter, criar finais felizes ou aprendizados de crescimento evolutivo.

É uma luta constante entre o físico e o mundo espiritual. Temos de estar vigilantes em nossas mentes. Atenção e cuidado redobrados a todo pensamento, emoção ou sentimento negativo que vier. Você é o maquinista, o condutor da sua mente, não permita que seja manipulada. Evite tragédias, apelos das mídias, isso só irá consumi-lo, deixá-lo sugado energeticamente. Alimente seu mental com informações realmente poderosas que tragam luz, sabedoria, força e coragem.

FILHOS DO AMANHÃ

Isso tornará você forte e invencível. Não se limite sobre quem é, dissipe os medos e temores. Eleve-se o mais alto que puder até que os Arcontes não tenham mais comando ou poderes sobre você. Projete-se para o cosmos, para a luz infinita, saia da mente, saia da Matrix. Se quiser maiores informações sobre os Arcontes, vá mais a fundo, pesquise o evangelho de João.

31

AGENDA 2030: A NOVA ORDEM

Não irei citar nomes aqui, mas hoje as mídias falam abertamente sobre quem são as 13 famílias mais ricas do planeta. Também podemos chamá-las de "os controladores". São eles que controlam bancos, governos, farmácias, medicina. Enfim, pensem, queridos filhos, em todas as grandes mídias e empresas da Terra. Vocês realmente acreditam que em algum momento da vida escolhemos nosso presidente? Acham mesmo que as guerras e doenças acontecem por causa de nós? Infelizmente somos marionetes, escravos. Na verdade, não temos nada, não somos nada para eles. São eles que controlam, manipulam e decidem nossas vidas. Agora ainda se torna tão difícil falar sobre isso. Existem tantas pessoas adormecidas. Às vezes eu penso que não é que eles não veem, apenas têm medo da realidade de suas vidas. Fica mais fácil viver na ilusão deste mundo, acreditando em teorias da conspiração. Atualmente está tudo muito claro. Eles criaram uma agenda que deverá ser cumprida até 2030. Nessa agenda, uma de suas pautas mais importantes seria o genocídio em massa ou a destruição de 65% da população. Seria a maneira mais fácil de manter o controle das raças.

Aniquilação em massa, essa é a verdade. Por isso criaram a pandemia. Foi um experimento que não deu muito certo, me parece. Aqueles que não morressem da doença, provavelmente morreriam de fome. Temos capacidades infinitas dadas a nós por Deus. Uma delas é de nos reinventar, somos cocriadores. Por isso conseguimos de uma certa maneira, virarmos o jogo, embora muitas vidas tenham sido perdidas.

Irei descrever aqui algumas das pautas da agenda 2030, criada em Davos, na Suíça, em conferência anual, onde se reúnem para decidir sobre mudanças climáticas, hábitos alimentares, falam de sustentabilidade, mas é somente para manter o controle. Querem acabar com a produção natural dos alimentos, criando somente alimentos industrializados e transgênicos. Por exemplo, uma das pautas da Organização das Nações Unidas (ONU) seria a erradicação da pobreza, mas me pergunto: todos esses anos e nada foi feito? Ao contrário, à medida que o tempo passa, mais e mais fome e tragédias acontecem. São inúmeras guerras e conflitos mundo afora. O grande reset! Em 2030 você não terá nada, mas será feliz. Essa é a frase primordial que encabeça a agenda maligna do controle. A verdade é que se você olhar as pautas sem profundidade, conhecimento e estudo, vai achar que talvez as intenções sejam boas. Que lindo, estão pensando na fome zero, sustentabilidade do planeta, na saúde e bem-estar. De repente nos deparamos com igualdade de gênero e passamos a observar o que está acontecendo à nossa volta, com as crianças, os jovens e adolescentes. Criam uma sociedade doente, totalmente sem escrúpulos e/ou critérios, querendo que crianças a partir de 5 anos já possam fazer suas escolhas sobre sexualidade, sendo que muitos recém tiraram as fraldas e alguns nem largaram as chupetas. A minha pergunta é: o que pode haver de bom nisso? Estão enfiando escolhas goela abaixo, nos pais e seus filhos. Pode-se realmente acreditar que esses seres controladores desejam algo de bom para nós, sociedade humana?

Muitas sociedades iguais ou semelhantes à nossa já foram extinguidas por eles. Se não dançarmos conforme a música que eles tocam, simplesmente nos resetam. Querem criar cidades-modelos, ou cidades resilientes, totalmente tecnológicas e computadorizadas, provavelmente para que o controle seja absoluto. Você será totalmente dependente de tudo e não será dono de nada. Talvez nem mesmo de seus pensamentos. Enquanto ainda temos um pouco de dignidade e liberdade de escolhas, precisamos refletir, nos unir e juntos tentarmos achar soluções e uma saída. Sei que eles são poderosos, mas saibam que de alguma forma também somos uma grande ameaça para eles. Temem a força que criamos por meio do nosso poder de união. Muitos deles nem são humanos, acreditem. Não se sensibilizam com a nossa dor, mas conhecem a força que nos move, que é a fé e o amor. Neste exato momento, estamos vivendo uma guerra silenciosa. Deu-se início em 2019 o grande evento da pandemia. Acharam que muito mais pessoas morreriam, que nos enfraqueceriam tapando nossas bocas, nos amedrontando sobre tudo que tocássemos, nos aprisionando no cativeiro de nossas casas, criando grandes rupturas entre familiares, apartando e afastando uns dos outros.

Essa foi a grande sacada, que felizmente não fluiu como o esperado por eles. Entristeço-me ao lembrar a forma como isso abalou meus pacientes e algumas pessoas próximas. É claro que foi terrível, extremamente difícil e doloroso para todos nós, mas somos mais fortes e superamos. As lembranças duras e difíceis farão parte de nossa jornada e aprendizados. Não podemos esquecer que é nas grandes quedas de um rio que ele se fortalece. Eles detêm o controle por meio do dinheiro e do poder, nós temos uns aos outros, nossa luz. Somos fontes de energia, se nos unirmos e juntos vibrarmos para o alto, poderemos alcançar a Deus e mudarmos a vibração do planeta. Não menosprezem suas capacidades, porque vocês são os filhos do amanhã. Não esqueçam, juntos são mais fortes, unidos tornam-se um. O propósito verdadeiro deles é destruir para depois vir com soluções, não se enganem.

32

RAÇAS ALIENÍGENAS

Os conspiradores falam que hoje existem mais de 49 raças habitando entre nós, que existem também seres intraterrestres que vivem no centro da Terra, chamados de reptilianos, em formato de répteis, mas com capacidade de transformação física. Dizem que muitos hoje estão convivendo entre os grandes governos mundiais e que muitos de nós somos híbridos, uma mistura de raças. As muitas crianças que estão chegando também seriam manipuladas, ainda no útero materno. A maioria de nós é controlado por chips, conectados em nossos corpos, para o controle das raças.

Cito aqui algumas raças: os cinzentos são o número 1 entre os extraterrestres.

Os pleiadianos, originários das Plêiades, se parecem com a raça humana.

Os reptilianos, os draconianos, esses são os piores.

Os cinzentos seriam os chamados *greys*. Temos os sirianos, os arcturianos e muitos de nós seríamos seres estelares. As sementes estelares. ou *starseeds*, são seres que se voluntariam a encarnar na Terra e que já tiveram experiências anteriores, em outros planetas e sistemas estelares. Por terem essas experiências em outros setores do cosmos, elas chegam ao planeta Terra trazendo dentro de si sabedoria e conhecimento. (https://guiadaalma.com.br/sementes-estelares/).

Citei alguns nomes e exemplos de raças. Dizem que muitos deles trocam conhecimento e tecnologia com entidades governamentais e que muitos convivem entre eles. Portanto, eu creio que contra fatos há evidências e elas são muitas. Estão aí, todos os dias se manifestando. Temos que expandir a mente e aceitar que não somos a única criação do criador. Existem mundos e mundos além do nosso, seres bem mais evoluídos, assim como outros bem mais primitivos que nós. Como falei em algum capítulo passado, sempre que uma raça evolui, todos também fazem parte desse processo. O caminho evolutivo no universo é para todos, infelizmente alguns, tanto humanos como dessas raças, tornam-se resistentes às mudanças. Por isso vivemos há séculos em guerras, tanto físicas como espirituais, nos planos astrais e terrenos.

Sobre as raças, citei apenas algumas, as mais conhecidas entre nós. Muitos as chamam também de seres interdimensionais. A ideia é que eles variam de dimensões ou realidades paralelas. A meu ver, parece possível, já que tive algumas experiências com essas outras realidades. E como nada da matéria é realmente o que vemos, tudo está em movimento, tudo é mental, a realidade que criamos existe para nós.

Quanto a serem bons ou amigáveis, assim como falei sobre os Arcontes, sim, existem os bons e os maus, mas somente serão acessados de acordo com sua frequência e vibração. Como a minha visão sobre esses assuntos é mais manifestada nas dimensões, creio que, assim como o nosso mundo, existem mundos e mundos infinitos com suas galáxias dentro de infinitas dimensões. Muitos seres, assim como os Anunnakis, entram e saem daqui por terem o conhecimento que ainda estamos buscando. É claro que médiuns, yogis, gurus, monges e alguns de nós estamos mais avançados, já adquirimos a técnica de sair de nossas mentes com facilidade para entrarmos em outras dimensões e mundos paralelos.

Dizem que, na verdade, a maioria de nós deixa nossa matéria, nossos corpos, ao adormecer. Alguns trabalham, visitam entes queridos, contatam seus mentores, que para muitos seriam esses seres interdimensionais, os quais chamamos de alienígenas. Lembro de uma dessas saídas do corpo ao adormecer, onde me vi levada a uma nave. Lá dentro havia muitas pessoas normais, iguais a mim, humanos. Porém havia alguns que usavam mantos e eram carecas, pareciam muito evoluídos. Bem ao centro da nave, tinha uma espécie de abóbada enorme, mas era no chão da nave. Ao redor estavam todas essas pessoas e as que entravam eram dirigidas até elas, assim como eu fui. Olhando através dela, via-se o planeta Terra, como se estivéssemos sobre ele, e ali todos se encontravam com seus braços esticados e suas mãos espalmadas. Para mim, foi inesquecível, tenho certeza de que estávamos energizando e mandando boas vibrações, trabalhando as energias.

A meu ver, existem federações galácticas do bem, em grandes batalhas espirituais, zelando por nós e outros planetas e/ou dimensões. É claro que eles precisam da nossa evolução, para que evoluam também. Precisamos uns dos outros, como uma crescente, somente assim iremos chegar à grande fonte, voltar para casa.

Filhos do amanhã, questionem, questionem-se e busquem respostas.

Esse é o caminho.

33

MUDANÇA DE CONDUTA

A nossa primeira grande lição são as mudanças internas, inevitavelmente.

Não podemos tapar o Sol com a peneira e achar que a culpa é de nossos pais, filhos, irmãos, enfim, não importa, temos de parar de achar culpados quando não queremos mudar. Independentemente daquilo que a vida nos deu no passado, sempre podemos mudar e melhorar no futuro. Diariamente você precisa rever seu passado e refletir sobre o que pode melhorar. A resposta sempre será uma boa mudança de conduta.

Em julho de 2019, meus professores espirituais pediram para que eu escrevesse um livro chamado *Mudança de Conduta*. Eu o escrevi e o lancei por conta própria. Fiz algumas cópias, vendi poucas, mas depois senti que deveria doá-las. Coloquei em minhas mídias gratuitamente, para que as pessoas tivessem fácil acesso para baixar e lê-lo. Infelizmente, pouquíssimas pessoas o fizeram. Esse livro, você poderia lê-lo em duas horas apenas, mas como ele fala em mudar, corrigir algo em nossas condutas, em mudanças internas que devemos fazer, não houve interesse.

Provavelmente, se ele falasse sobre como enriquecer rapidamente, ganhar na loteria, sedução ou beleza, com certeza estaria bombando nas mídias. Por acaso isso me incomoda? Não, porque confio que aqueles que tiverem de ler o farão e estarão em busca respostas de mudanças reais e verdadeiras. O restante é passageiro, ilusão da matéria. Muitos falam em ascensionar, evoluir, mas poucos querem parar, silenciar e olhar para dentro de si.

É por isso que meus professores (mestres espirituais) insistem em nossa cura interna. Eles também não podem trilhar o caminho por nós. Enquanto estiver feliz vivendo sua vida sem olhar à sua volta, o mundo em que estamos vivendo, achará normal o que acontece. Não serei eu a julgá-lo, mas em algum momento terá de parar e olhar para trás e para dentro de você. Somente estou fazendo minha parte, cumprindo um propósito aqui!

Atualmente existem milhões de terapias oferecendo milagres, falando como podemos sair da Matrix em que vivemos, o que realmente não dizem a você é que precisa mudar como ser. Evoluir é perdão, amor, compaixão diariamente. É questionar: o que posso fazer para ajudar o próximo, melhorar o planeta, como posso contribuir? E fazer esse retrocesso é resgatar também suas melhores partes que foram ficando para trás. Podemos até, por meio dos ditos milagres, alcançar curas ou fortunas, alcançar conquistas materiais. As técnicas e práticas estão aí, mas não será o caminho real e verdadeiro, não seremos inteiros. Por isso honre quem é, seus pais e seus ancestrais, todos eles são uma parte de você! Perdoe-os um a um, perdoe-se, seja grato, liberte-os das culpas, você não sabe como viveram e o que passaram. Aqui todos estamos escravos, prisioneiros de nossas faltas e culpas.

É assim que somos mantidos em cativeiro. A maioria deles não sabia, não fazia ideia. O importante agora é que você sabe e pode curá-los e curar-se também, libertando-se irá libertá-los. Honre-os, perdoe-os e seja grato por quem você é! Quando mudamos, o mundo se modifica ao nosso redor. Esses foram os ensinamentos que Jesus passou aos seus seguidores. Meu questionamento é: quando Jesus falava em perdoar o pior inimigo ou não roubar, não cometer falsas injúrias, ajudar o próximo, enfim, os seus grandes ensinamentos, estariam lá atrás dispostos a mudar? Posso imaginar as pessoas incrédulas olhando para ele e pensando "Eu jurei que nunca a perdoaria" ou "Como posso deixar de ter meus escravos para me servir, servir aos meus caprichos?" ou "Se eu deixar de me prostituir, do que irei viver?". Muitos de nós, entre tantas idas e vindas, não estamos dispostos a abrir mão de nossos ideais, a maioria criados pelo ego. Ele sabia o quanto

FILHOS DO AMANHÃ

estávamos adormecidos e que o conhecimento somente se faria de gerações a gerações, teria de ser passado adiante.

Ele confiava plenamente em Maria Madalena para cumprir seu propósito. Quanto aos dois terem se relacionado, eu discordo. Absolutamente não tem a ver com religião, e sim desprendimento espiritual. Algo de que o homem ainda não está pronto para desapegar. Se ele não o fizesse, ainda estaria preso aqui, à matéria. Já Maria Madalena o amava de todas as formas, mas sabia das responsabilidades que ele confiou a ela, que ela deveria se guardar em um lugar protegido assim que ele partisse definitivamente. Aconselhou a não chamar atenção sobre ela, para que também não fosse perseguida e morta pelos "Arcontes", seres trevosos. Ele disse a ela: "Maria, vá, leve o conhecimento com você, tenha descendentes e o passe adiante a eles, para que também passem aos seus filhos e netos e assim sucessivamente. É assim que deverá ser".

Na volta do deserto ele sabia que já estava a um passo da sua libertação. Apenas precisava passar pelo seu último desafio, a dor física, então nada mais o prenderia aqui, a não ser seus ensinamentos. Aprender a desapegar de nossos desejos físicos e carnais é um dos maiores desafios humanos. Livrarmo-nos de nossos vícios emocionais, alimentares, dependências é um árduo caminho. Sair da ilusão de mundinho que criamos por meio de nossas mentes até entendermos que é isso que nos coloca dentro da Matrix e do controle.

Nossas dependências e apegos. Enquanto não reciclarmos as bagagens que trazemos e não tivermos o entendimento, não seremos livres, pois assim o professor falou!

34

O ECLIPSE

Ano 2024, todos à espera do grande evento, o grande eclipse da história. Nunca tinha se ouvido falar tanto sobre esse assunto. A Terra está em alvoroço sobre o dia de amanhã, 8 de abril de 2024. Texas e alguns lugares mais próximos estarão sob alerta sobre o que acontecerá. Para alguns teóricos da conspiração, profetas, videntes, será o fim de uma era. Será o fim de um ciclo? Enquanto os céticos seguem suas vidas, muitos em busca de fortuna, sucesso e poder, totalmente alienados, sem se importar com o que eles chamam de teoria da conspiração, alguns religiosos e crentes esperam os três dias de escuridão. Eu realmente não sei o que esperar, mas lembrei-me de uma mensagem que recebi há algum tempo, enquanto fazia minhas orações. Estava eu em meu quarto e de repente o local se encheu de luz, então fiquei olhando para o alto e vi como se de uma nave baixassem umas escadinhas e um ser descesse. Ele parou a um nível da escada, usava um manto longo violeta com capuz.

Não conseguia ver seu rosto por causa da luz. Então ele me passou a seguinte mensagem: "Esteja desperta! Está previsto para breve um grande evento cósmico para o planeta. Aquele que estiver desperto entenderá todo o movimento. Os que não estão precisarão muito de apoio. Mudará radicalmente a condição e o livre-arbítrio da humanidade! Fique alerta, esteja desperta!".

Imediatamente anotei no meu caderno para não esquecer. O dia foi bem profético, confesso, foi no dia 8 de agosto de 2021. Até o dia de hoje tinha me passado despercebido, nem lembrava mais. O mais estranho é que neste dia o eclipse passará por cidades bíblicas, pessoas são orientadas a armazenar alimentos, água, remédios e gasolina. Escolas serão fechadas. O eclipse passará por México, Estados Unidos e Canadá!

A Nasa enviará três foguetes à Lua, com o propósito, dizem eles, de pesquisar o que ocorrerá ao redor da Lua. A CERN, Organização Europeia para Investigação Nuclear, localizada em Genebra, também coincidentemente neste dia será religada. Eu me pergunto se seria mais uma manipulação pelo medo, se seria para gerar um caos generalizado ou a real manipulação para criar um evento catastrófico com a narrativa de ter sido gerado pelo eclipse lunar! Sobre a CERN, eu tive um sonho na semana, em que alertavam sobre a abertura. A mensagem era que, na verdade, eles estariam testando novas realidades ou realidades paralelas. Como se a ideia fosse acelerar o tempo mudando o tempo presente. Mas, enfim, tudo isso saberemos somente a partir de amanhã. Jamais pensaria há alguns anos que estaria agora comprando provisões e me preparando, talvez, para esse reset.

Enfim, aqui estamos, parece que passamos por mais esse grande e tão falado evento. Atualmente as mídias estão tomadas de profecias e falsos profetas, essa foi coincidentemente mais uma das grandes profecias bíblicas. O que muitos ganharam? Maior número de seguidores e milhares de curtidas em suas mídias sociais. Por meio disso tornam-se influenciadores famosos, vendem livros, cursos e afins. Ganham fama, sucesso e muito dinheiro.

Infelizmente, assim caminha a humanidade, muitos são alimentados pelo terrível medo das grandes tragédias, medo do fim. É verdade que a Terra está em transição e regeneração. Tudo está em movimento, nada é estático e o universo segue em expansão e evolução. Para cada homem que evolui na Terra, outro ser, em outro plano ou dimensão, também e assim sucessivamente. Tudo e todos desde a natureza, os animais e plantas, estamos transicionando para uma nova fase, uma nova era.

Mas o mais importante nesse movimento é sempre aprendermos a transformar nossa dor emocional, ou medos, em algo maior e mais construtivo, somente assim, daremos um passo à frente, estaremos de uma forma positiva manipulando nossas mentes. Essa dor poderá ser a força motora de que precisamos para impulsionarmos nosso crescimento e autoconhecimento. Às vezes é tudo do que precisamos para seguir em frente, para que a alquimia aconteça.

Precisamos ver que o mundo não acabou e talvez nunca acabe. Ele apenas se modifica de tempos em tempos, e cada um de nós também precisamos mudar e ressignificar nossas vidas. E sobre os manipuladores, falsos profetas, assim como eles existem também aqueles que vêm para ajudar, orientar, trazer informações sérias, conhecimentos profundos e importantes para o bem e a evolução humana. Não esqueçam, filhos do amanhã, a polaridade existe. Não há o que mudar.

Portanto, o bem e o mal existem, somente depende de suas escolhas. Pensem, reflitam sobre! Às vezes escolher o caminho mais fácil pode não ser o melhor caminho. Se você irá manipular, usurpar ou ferir o outro, acabará se ferindo também. Em algum momento, todas as informações que enviar ao universo reverberarão e retornarão para você. Como falei anteriormente, nada está estático, tudo está em movimento e você é apenas o receptor das informações. Fique atento, não tenha medo. Você é o dono do seu destino, seu próprio mestre.

Não esqueça, você controla sua mente. Filtre sempre as informações, aprenda com elas e não deixe que o manipulem. Sempre existiram pessoas que influenciaram as mentes humanas. Tivemos grandes influenciadores, Jesus, Buda, Platão e seu mito da caverna. Jesus e Buda com seus grandes e belos ensinamentos e conhecimentos sobre sermos todos iguais perante o pai e amarmos uns aos outros. Eles conseguiram transcender até os dias atuais e acredito que isso se manifestará cada vez mais. Falando também em um grande filósofo que influenciou toda uma década, e ainda se mantém presente hoje em nossa atual geração, Platão. A sua grande teoria sobre o mito da caverna fala sobre como o homem vivia manipulado pelas sombras nas paredes. Era quase como uma hipnose coletiva, ficavam todos focados nas sombras na parede e não acreditavam que houvesse mais nada lá fora além da caverna.

Essa reflexão parece bastante familiar. Existem tantos de nós ainda olhando sombras na parede, dentro da caverna. Espero que todos um dia saiam de suas cavernas e aprendam com esses grandes mestres e filósofos que lutaram e morreram bravamente tentando nos ensinar a sair da caverna.

35

MUNDO ADORMECIDO

Amo tudo que é belo. O mar, a natureza, o riso de uma criança, os animais, enfim, eu diria que amo a vida e tudo que tenho.

Sou realmente grata. Mas infelizmente sinto que cada vez consigo tocar menos as pessoas. Parece que estão em estado de hipnose, adormecidas, vivendo suas vidas como se estivesse tudo perfeito. Dói ver que a humanidade se perde em suas próprias escolhas e não quer abrir os olhos, não quer ver o que está acontecendo à sua volta e que está mais que na hora de mudanças.

Minha tristeza não é por mim, mas pelo mundo que estou abandonando. As próprias indústrias de cinema, sempre, ou na maioria das vezes, nos venderam histórias de finais felizes. Com isso criamos a ilusão de que o mocinho vence no final da história e de que tudo será resolvido. Tenho certeza de que em cada um de nós existe a centelha divina. Se os humanos da Terra soubessem o poder que têm, soubessem quem são de verdade, se conseguissem acordar de seu sono profundo, daríamos um grande salto evolutivo sem termos de passar por tantas provações ou dores.

36

PALAVRAS TÊM PODER

Nem sempre imaginamos a força, o poder, a dimensão das palavras, mas sabemos de sua causa e efeito, conforme mencionei anteriormente. Assim como a música, a palavra também cria uma frequência e vibração, algumas pessoas podem nos acalmar por meio de suas palavras, enquanto outras nos deixam aflitas, tristes ou angustiadas.

Quantas vezes em sua vida alguém já falou palavras a você que o magoaram e o feriram profundamente? Quantas vezes uma palavra fez com que sentisse como uma forte bofetada em seu rosto, ou um soco no estômago, sentindo-se tonto, como se fosse perder o chão? Palavras têm poder, força, energia e vibração.

Por que Jesus amaldiçoou a figueira? "No dia seguinte, quando saíam de Betânia, Jesus teve fome, de longe ele viu uma figueira cheia de folhas, e foi até lá ver se encontrava algum fruto. Quando chegou perto, encontrou somente folhas, pois não era tempo de figos. Então Jesus disse à figueira: 'Que ninguém coma de teus frutos'" (https://padrepauloricardo.org/episodios/por-que-jesus-amaldicoou-a-figueira).

Na Bíblia vemos várias explicações sobre essa parábola, mas a maior lição foi nos ensinar sobre o poder e a força que carregamos pelo poder das palavras, a capacidade que temos de ferir ou até matar, destruir algo ou alguém. Elas podem sair de nossas bocas carregadas de poder e energia. Por isso ele já nos ensinava: "Vigiai teus pensamentos, palavras, atitudes e ações". Ele também dizia: "Vós também sois deuses", podem operar os mesmos ou maiores milagres que eu. Para algumas religiões, nos considerarmos deuses não passa de uma grande heresia. Por isso sofremos tanto, a falta de conhecimento ou a forma que nos foi condicionado é o que torna nosso caminho tão desafiador e difícil aqui.

Não conhecer nossas capacidades humanas nos faz agir como pequenas crianças. Tomamos decisões precipitadas, falamos coisas abusivas e agressivas aos outros e o pior: quando nos dirigimos às pessoas a quem amamos, pai, mãe, filhos, família, não conseguimos dimensionar o poder que damos às palavras e a dor que causamos ao outro. Se pararmos para refletir, Hitler chegou ao poder por meio da palavra. Dizem que ele era um homem magrelo e franzino. A força que ele não passava por sua imagem, ele carregava na entonação de sua voz. Dá para imaginar a dor que ele causou ao mundo? A grande destruição? Uma segunda grande guerra. A 2ª Guerra Mundial foi o conflito militar mais mortal da história. Um total estimado de 70 a 85 milhões de pessoas pereceram, o que representou cerca de 3% da população mundial de 1940 (2,3 bilhões) (https://pt.wikipedia. org/wiki/Segunda_Guerra_Mundial).

É e sempre foi assim que as sombras trabalharam, pela persuasão. Assim funciona a política no mundo. Atualmente nossos políticos têm muito mais vantagens, conseguem levar sua palavra, sua voz, a qualquer canto do planeta em segundos, por meio das mídias. Acreditem, eles estudaram muito bem os ensinamentos de Jesus, suas grandes lições e de todos os grandes mestres e sábios que passaram por aqui, apenas os usam por seus interesses, egos, ganância e poder. É por isso que temos de nos conhecer mais profundamente, para que possamos nos melhorar e evoluir como seres. Quando entendermos essas lições, entenderemos que não podemos crescer sozinhos. Nesta longa subida da montanha, precisamos nos unir, dando as mãos uns aos outros, somente assim iremos vencer todas as sombras, especialmente as nossas. Palavras também curam, criam grande força e energia à nossa volta, em nós mesmos.

FILHOS DO AMANHÃ

Percebam, nos rituais as invocações, tanto para o bem como para o mal, são faladas em voz alta, com grande poder de entonação, assim ressoando no universo e entrando tanto em altas como em baixas frequências, criando poder, força e vibração. Todos os dias pela manhã procuro fazer meus mantras, orações e afirmações, usando o poder da palavra, ouvindo o som de cada uma delas. Eu já as conheço bem e sei a força que criam no universo. Porém tomo muito cuidado para usar com respeito, amor e disciplina, buscando sempre entrar na mais alta frequência de luz.

Ainda sobre o poder das palavras, um pesquisador japonês chamado Masaru Emoto resolveu fazer um experimento com a água, usando o poder das palavras. Ele tinha a teoria de que as moléculas da água se modificam por meio das palavras ou do som. Então ele colheu água de locais diferentes, em recipientes de vidro, e pediu aos seus alunos que escrevessem em cada um deles palavras positivas, como amor ou felicidade, e no último palavras negativas, como raiva, ódio. Depois ele as congelou. Por fim, fotografou.

Surpreendentemente, as águas com palavras positivas criaram imagens de mandalas de flores e as com palavras negativas ficaram turvas e escuras. Pense bem, se nosso corpo é composto de 70% de água, o mal ou o bem que podemos transmitir a nós e ao outro, pelo poder da frequência e da vibração do som e da palavra.

Os experimentos de Masaru Emoto consistem em expor água a diferentes palavras, imagens ou música e então congelá-la e examinar a aparência do cristal de água sob um microscópio (https://pt.wikipedia.org/wiki/Masaru_Emoto).

Outro exemplo sobre o poder das palavras e afirmações é algo que você facilmente poderá fazer. Experimente cozinhar um pouco de arroz, somente na água, depois você irá colocar em três recipientes de vidro transparente. Escreva em um deles as palavras "amor" e "felicidade". Em outro, somente a palavra "abandono" e no terceiro escreva palavras agressivas, como "raiva", "ódio", "vingança" etc. Depois separe-os em lugares diferentes da casa,

145

deixe por mais ou menos 10 a 15 dias. Durante esse período, tire alguns minutos do dia para falar palavras positivas para o arroz do amor, depois vá até o pote negativo e fale palavras ruins. O pote do abandono você literalmente irá abandonar, deixe-o em algum lugar esquecido da casa.

No término dessa experiência, garanto que irá ficar chocado com o poder das palavras. Fiz esse experimento com alguns pacientes e todos ficaram surpresos, mas teve um caso que me chamou muito a atenção, uma paciente levou os três potes para casa e no dia seguinte os três ficaram completamente mofados. Isso foi incrível. No meu experimento, o pote do amor ficou lindo, em 10 dias estava branquinho e em algumas partes rosado. Já o pote do ódio estava completamente mofado e o do abandono também.

Sempre que estiver estressado, pense bem nesse poder que você tem e escolha as palavras certas na hora e no momento certo.

Algumas vezes em nossa vida o silêncio é o certo a ser feito.

37

A TEORIA DO CENTÉSIMO MACACO

A teoria foi escrita pelo biólogo Rubert Sheldrake, ele diz que a mudança e o comportamento de uma espécie irão recorrer quando um número exato necessário for alcançado. Quando isso acontecer, o comportamento ou os hábitos de toda a espécie serão alterados. Foi realizado um estudo científico em duas ilhas tropicais do Japão, com o objetivo de analisar a colônia de macacos da mesma espécie, mas sem contato perceptível entre si. Depois de várias tentativas e erros, um macaco descobriu uma maneira inovadora de quebrar os cocos, que lhe permitia aproveitar melhor a água e a polpa. Ninguém jamais havia quebrado cocos daquela forma. Por imitação, o procedimento rapidamente se replicou entre seus companheiros e logo uma população de 99 macacos dominava o novo jeito de quebrar cocos. Quando o centésimo animal da ilha "A" aprendeu a técnica recém-descoberta, os macacos da ilha "B" começaram espontaneamente a quebrar cocos da mesma maneira.

A promessa da teoria do centésimo macaco quer dizer que quando um número crítico de pessoas mudar seu comportamento ou atitude, a cultura como um todo mudará.

"A ressonância morfóbica tende a reforçar qualquer padrão repetitivo, seja ele bom ou mau" (Rupert Shedrake).

38

NOSSAS MENTES SÃO TELEPÁTICAS

Estamos sempre enviando informações uns aos outros, mesmo sem perceber. Quantas vezes você já pensou em alguém que não via há muito tempo e de repente essa pessoa liga ou surge na rua à sua frente, ou pensou em algo, teve uma ideia e logo outras pessoas surgem falando ou pensando a mesma coisa. Essas são as frequências em que estão vibrando nossas mentes, simples assim. Está tudo interligado, estamos todos conectados uns aos outros, terra, céu, mar, natureza, animais, somos todos parte da criação. Conectados à grande teia universal. Não há separatividade entre o homem, o universo e Deus. Somos o todo e o uno! Todos somos um!

39

OS VÍCIOS HUMANOS

Nossos vícios são tantos que na maioria das vezes não admitimos, não queremos ver. Damos qualquer desculpa e deixamos passar batido. Na verdade, só queremos deixar nossas gavetinhas bem fechadas, porque não aceitamos que algo está acontecendo, que algo está errado. Jogamo-nos neles para fugirmos da nossa realidade. Viciamos em muito mais coisas do que possamos imaginar.

As mídias hoje nos estimulam 24 horas por dia, elas são atualmente um dos maiores vícios humanos. Viciamos nelas desde os primeiros passos e elas nos proporcionam milhões de outros, que estão cada vez mais nos tornando quase que robotizados. Passamos das mídias para as séries, também indicadas pelas mídias, e precisamos delas para assistir. Séries que nos viciam, é claro, porque nunca acabam. Assim como as novelas de antigamente. Parece que estamos sempre retrocedendo ou nunca saímos do lugar. A mídia tornou-se um lugar de muitas trevas e sombras, inimigos ocultos, como serpentes prontas para o ataque, basta um piscar de olhos ou deixar sua porta entreaberta para que você vicie em jogos de azar, pornografia, drogas, álcool e tantos outros vícios que sequer podemos imaginar.

E, é claro, alguns viciam nas próprias mídias e passam às vezes a maior parte do seu tempo assistindo a vídeos de entretenimento, que acabam tornando-se mais um vício. Infelizmente levam as nossas crianças a essa grande dependência também. Nunca o ser humano esteve tão distante de si mesmo, tão fragilizado e perdido. Parece um grande momento de glória para as sombras e, assim, os controladores estão conseguindo roubar nossas mentes e nossas vidas.

"Todas as coisas me são lícitas, mas nem todas as coisas me convêm; todas as coisas me são lícitas, mas eu não me deixarei dominar por nenhuma" (1 Coríntios 6:12).

Sem perceber, vamos adquirindo vários tipos de vícios, viciamos em alimentos, em academia, sempre em busca do corpo perfeito. Viciamos até mesmo nas pessoas, dando a isso o nome de amor, quando na verdade estamos tão apegados às nossas carências que acabam tornando-se um vício. O mais triste de tudo é o que vamos deixando de viver ao longo do caminho. O quanto nos escravizamos e deixamos nossos pequenos adoecerem e perderem a grande oportunidade de viverem seus sonhos e suas infâncias reais, longe das telas de um celular. Por isso, precisamos fazer o caminho de volta para casa, para nossos ancestrais, nossos antepassados, para que possamos nos relembrar quem somos ou quem éramos verdadeiramente. Relembrar nossa força e nosso poder ancestral.

Aquele que nos conectava com todos os elementos sagrados, a verdadeira natureza do que somos. O poder que nos conectava com a mãe Gaya, o cosmos e as estrelas, as montanhas, as cachoeiras, aos rios, as colheitas e as celebrações.

Éramos um só povo, unidos à terra, filhos de todos os elementos e de um só criador. Nossas melhores partes foram ficando para trás, em um passado remoto. Passado do qual já não nos lembramos mais. Éramos puros e livres, hoje nossos corpos estão contaminados com tantos alimentos industrializados e remédios, tantas informações nas mídias e tantos vícios que já não estamos suportando mais e frequentemente acabamos baixando nossa imunidade e adoecendo.

Vícios são como roupas velhas e sujas, impregnando nossos corpos e mentes. Livrar-se deles também é uma escolha de cada um de nós. Precisamos admitir o quanto esses demônios afetam nossas vidas, famílias e bem-estar. Se Jesus andasse pela Terra hoje, ele certamente diria: "Filho, desperta, acorda enquanto ainda há tempo. Livra-te destas amarras que o estão aprisionando. Volta-te para o lar do coração amoroso. Liberta-te deste caminho que está te direcionando para o teu próprio abismo".

40

TODOS SOMOS ANJOS

O livro de Êxodo, da Bíblia Sagrada, diz: "Eis que envio um anjo diante de ti, para que te guarde pelo caminho e te conduza ao lugar que tenho preparado para ti. Respeita a sua presença e observa sua voz, não lhe seja rebelde, porque não perdoará a vossa transgressão, pois nele está o meu nome. Mas se escutares fielmente a sua voz e fizeres o que te disser, então serei inimigo dos teus inimigos e adversário dos teus adversários" (Êxodo 23:20-22).

Sobre esse texto da Bíblia, me pego novamente fazendo meus questionamentos. No Novo Testamento, o segundo grande mandamento é "Amarás o teu próximo como a ti mesmo" (Mateus 22:39). Jesus ensinou também: "Amai a vossos inimigos" (Mateus 5:44). Jesus veio e nos ensinou a amar e perdoar, até mesmo nossos piores inimigos. Todos os ensinamentos dele nos falam de amor, compaixão e perdão, mas dentro do Velho Testamento vejo passagens de vingança, dominação, ira, guerras, matanças, sendo que Jesus fala que somos iguais perante o pai (Tiago 2:1-13).

"Somos um em Cristo Jesus. Não deveriam então, os anjos também nos perdoar quando erramos, nos conduzindo pelo caminho correto, através do amor e do perdão?" (Gálatas 3:28).

Por fim, vamos falar um pouquinho sobre Lúcifer. Segundo a Bíblia, ele era alguém que gozava de autoridade, privilégios e regalias concedidas por Deus. Acontece que Lúcifer se rebelou contra Deus, desejando ser semelhante ao criador (Isaías 14:13:14), sendo a primeira criatura na qual se originou o pensamento competitivo (https://www.ufcg.edu.br/mobile/noticias/mostra_noticia.php?codigo=16463).

Segundo a Bíblia, ele era um querubim (Ezequiel 28:14). Lúcifer era perfeito, sábio, belo e formoso, de vívido esplendor e reluzente (Ezequiel 28:15, Ezequiel 28:17). Lúcifer hoje é chamado de Satanás. Atualmente existem muitos seguidores e adoradores dele, existem templos e muitos cultuam e o veneram com rituais satânicos, com sacrifícios humanos, especialmente sacrifícios de sangue, animais e outros. Normalmente o fazem para alcançar fortuna, fama e poder. Aqueles que o seguem já não escondem. Usam símbolos e marcas, tatuagens e muitos outros apetrechos. O cultuam como a um deus ou divindade.

Nos tempos antigos, também os fenícios adoravam vários deuses, enquanto Israel adorava a Deus. Umas das exigências de Jezabel para que o casamento ocorresse foi que construíssem um templo de adoração a Baal, considerado o deus da prosperidade e da fertilidade (https://www.universal.org/noticias/post/jezabel-a-rainha-que-levou-a-idolatria-ao-povo/).

Como podemos ver, desde os tempos antigos as pessoas cultuam deuses, levantando altares e oferendas, algumas em forma de sacrifícios de sangue, infelizmente. E finalmente Jesus veio e nos ensinou o maior dom, que não precisamos cultuar nem venerar, apenas sentir o dom do amor.

Mas a grande parte da humanidade ainda continua confusa e perdida, adorando seus deuses e divindades. "O reino de Deus está dentro de ti, e não à tua volta; não em palácios de pedra ou madeiras. Rache uma lasca de madeira e eu estarei lá; levante uma pedra e me encontrarás..." (Stigmata, com base no evangelho apócrifo segundo São Tomé).

Assim como Jesus, Lúcifer ganhou fama e muitos seguidores. Jesus veio nos ensinar a verdade e o amor incondicional, por meio da nossa conduta, valores e princípios morais, uns com os outros. Lúcifer, o anjo caído, ensinou aos homens luxúria, poder, ego, ganância e disputas, entre tantas outras negatividades que só os levarão ao caminho da destruição. Ele tornou-se o anjo aniquilador.

Vamos falar um pouquinho sobre quem são os arcanjos.

Miguel é meu preferido. Há muitos anos recorro a ele, desde que se apresentou a mim. Em muitos de meus trabalhos espirituais, sinto sua presença, escuto suas orientações e posso garantir que seu amor é incondicional. Na Bíblia Hebraica, Miguel é mencionado três vezes no livro de Daniel, uma como "o grande protetor que defende o povo de Deus". "Neste tempo se levantará Miguel, o grande príncipe que se levanta a favor dos filhos do teu povo" (Daniel 12:1). Miguel é considerado o guerreiro celestial. Eu posso vê-lo como comandante de uma grande milícia angelical.

Ele com certeza é o guardião e protetor de nosso planeta. La Palma é uma ilha vulcânica oceânica. Em 2021 o vulcão chamado Cumbre Vieja, localizado nessa ilha da Espanha, entrou em erupção. Nesse dia vi a notícia pela internet e, como havia mudado recentemente para Florianópolis (SC), inicialmente fui morar os primeiros meses à beira mar, lembro-me de que os jornais anunciavam que nossa costa brasileira corria riscos caso houvesse uma erupção explosiva, ou seja, o desmoronamento de parte do vulcão, o que poderia provocar um grande tsunami. Confesso que naquela noite dormi um pouco preocupada, orei para Miguel e no dia seguinte, ao acordar, vi uma cena linda e celestial. Via São Miguel enorme em frente ao mar, na areia, tocando violino e aos poucos desciam anjos, eram muitos, sobre o mar. Também estavam tocando seus violinos. O mar foi tomado de anjos de ponta a ponta. Fiquei maravilhada e tive a certeza de que todas as coisas são regidas pelas frequências do som. Eles estavam com Miguel dando comandos para harmonizar, acalmar as frequências do mar e da terra. Uma paz infinita tomou conta de meu ser e a certeza da linda proteção que temos dos anjos.

Rafael é o anjo da cura.

Gabriel é o anjo mensageiro de Deus.

Uriel é um dos arcanjos da sabedoria e proteção.

Ezequiel ou Zadkiel é o arcanjo da cor violeta da transmutação.

Samuel é o arcanjo da caridade.

Joviel é o arcanjo dos poderes do amor e da luz.

Embora não tenha feito muitos estudos, nem tenha grandes conhecimentos sobre eles, realmente creio que de alguma forma estão presentes em nosso dia a dia, em nossas vidas. Já tive tantas experiências com eles que não teria como negar a existência deles. Algumas das experiências que tive foi ouvir coro de anjos cantando algumas vezes. É algo simplesmente mágico. Mas o momento mais mágico que tive foi em junho de 2023. Retornava de uma viagem ao Sul, dirigi mais de 500 quilômetros e durante a viagem eu ouvia que deveria pintar anjos. Quando cheguei em casa, era por volta de 21h, comecei a pintar e quando me dei conta já eram 3h da madrugada. Não me sentia cansada, nem sequer tinha sono. E assim aconteceu nas noites seguintes. Quando iniciei era uma segunda-feira e o mais incrível que acontecia é que no dia seguinte eu trabalhava de oito a nove horas seguidas, chegava à noite, encerrava meus atendimentos por volta das 21h e voltava a pintar.

Não sentia cansaço algum, a cada movimento que fazia com as mãos ou a cabeça via luz que saía do meu corpo. Sentia um amor incondicional, era algo simplesmente surreal. Lembro-me de que em alguns de meus trabalhos minha glândula pineal se abriu e saía uma imensa luz dourada, por meio dela fui levada até um hospital onde estava a sogra de uma paciente minha e lá pude fazer um belo trabalho. Nessas noites, ao ir dormir, podia ouvir algumas vezes o coro de anjos a cantar. Pediam a mim que não questionasse e apenas pintasse, pois depois eu entenderia. Assim o fiz por quatro dias seguidos. Na sexta-feira à noite, por volta de 1h da madrugada, o arcanjo Miguel se manifestou em minha frente, enorme, ele deve ter uns dois metros ou mais de altura. Então ele me disse que não tínhamos muito tempo e que eu deveria divulgar essa história, levar adiante. Falava comigo telepaticamente. Dizia que todos nós somos anjos uns na vida dos outros, que precisamos ativar a luz que está em cada um de nós, a centelha de Deus, e que deveria levar essa experiência adiante e divulgar o máximo possível.

No sábado, ao acordar e me levantar, senti-me um pouco tonta e cansada, tenho certeza de que todos esses dias eu estava fora, em outra dimensão ou realidade, e levei um baque ao retornar, tamanha a densidade que vivemos aqui. Passei o dia em repouso e depois tudo normalizou. Precisava muito compartilhar essa experiência linda com vocês, para que saibam quem somos e que em cada um de nós existe um anjo adormecido, pronto para despertar. Todos somos anjos.

41

QUEM FOI MARIA MADALENA

Maria Madalena nunca foi prostituta. Ela era uma das discípulas seguidoras de Jesus. Era uma mulher bastante evoluída para sua época, sabia ler e escrever, o que era raro para as mulheres, que nem sequer podiam se sentar à mesa com seus maridos, muito menos estudar ou ter opiniões. Maria de Magdala, como a chamavam, era culta, inteligente e de uma forte personalidade.

Ao tornar-se seguidora de Jesus, a igreja a excomungou e passou a tratá-la como prostituta, como fez com os apóstolos, transformando-os em mártires e em santos. A verdade é que Maria de Magdala estava muito à frente de seu tempo, não seguia padrões impostos pela sociedade. Jesus foi seu professor e seu mestre e ela, uma de suas melhores alunas.

Meu mentor espiritual uma vez me falou que nós, as mulheres, somos como rios, oceanos, que a energia feminina é líquida, fluida, e que os homens são desertos, são áridos. Ele falava de nossa sensibilidade, da facilidade que temos de chorar, nos emocionar. A mulher carrega uma força tão grandiosa que muitas vezes esquece quem é. Gerar um ser e carregá-lo em seu ventre é algo tão infinitamente poderoso. Algo que a torna um verdadeiro oceano de amor e emoções.

A beleza de tudo isso é que Deus criou também o homem para que juntos pudessem se completar e gerar a vida. E foi por meio desse poder que Maria Madalena entregou seu coração a Jesus. Ela tornou-se a aluna mais fiel e fervorosa. É claro que o fato de ser mulher despertava uma certa inveja e ciúmes entre os apóstolos, tanto que poucos falavam dela ou tentavam tirar esse estigma de prostituta de seu nome.

Maria Madalena foi criada dentro de uma família amorosa e abastada na região de Magdala, por isso a chamavam de Maria de Magdala. Seu pai permitia que ela estudasse e tivesse regalias. Magdala era um pequeno vilarejo de pescadores, próximo à cidade de Cafarnaum, junto ao norte do mar da Galileia. Maria Madalena, por ter uma vida privilegiada, era uma mulher cobiçada e invejada nesse local, uma mulher de personalidade e grande poder de decisão. Uma verdadeira líder, ousada e destemida. Já naquela época os romanos cobravam impostos altíssimos dos pobres pescadores e trabalhadores, o que não mudou muito em nossos tempos atuais.

O governador de Roma era Pôncio Pilatos, aquele que lavou as mãos diante de Jesus. A morte de Jesus é algo que na verdade pouco sabemos. Enfim, naquela época os tributos eram cobrados à razão de aproximadamente 13% da colheita e a cada sete anos o resultado de um ano e meio de trabalho, sendo, portanto, uma tributação elevadíssima (http://www.informef.com.br/paginas/mef34501).

Podemos ver que a elite (eles, os controladores) sempre existiu e participou silenciosamente dentro dos governos, por séculos e séculos nas grandes civilizações. Maria Madalena se rebelava com o valor altíssimo dos impostos e reunia-se com os rebeldes e pescadores, tentando encontrar uma saída, alguma solução. Suas expectativas eram que aparecesse um líder para libertá-los. Quando finalmente Jesus apareceu, ela passou a segui-lo, inicialmente acreditando ser ele um líder religioso que viria com a espada para salvar, defender e libertar o seu povo. Era o que a maioria pensava, inclusive os apóstolos, que ele seria o salvador que os libertaria por meio da espada. Maria de Magdala, ao começar a ouvir seus sermões e ensinamentos, ficou maravilhada, viu algo maior, além daquilo que nossos olhos humanos podem ver.

Viu sabedoria e grande conhecimento. Viu nele um conhecimento totalmente diferente, algo que traria a libertação, não pela espada, e sim pelo amor e pelo autoconhecimento. Com o passar do tempo, ao segui-lo, ele ensinava a ela, assim como a seus apóstolos, a usar suas capacidades psíquicas de curar entre tantos outros dons, o que sempre chamaram de milagres, mas nem todos possuíam o poder. Maria, para Jesus, possuía a mente aberta como a de uma inocente criança, tinha a facilidade de absorver suas palavras e assim aprender. Ela acreditava em cada palavra e tinha grande sede de conhecimento, enquanto alguns dos apóstolos faziam seus questionamentos, tinham dúvidas, a mente rígida. Ainda assim, viam Jesus como o homem santo e eles meros humanos. Crenças limitantes foram impostas e criadas pelas sinagogas e religiosos da época, mas para ela tudo fazia sentido. Por isso Jesus confiou a ela seus maiores ensinamentos e segredos, pois seus seguidores ainda não estavam prontos para entender.

Ele ensinou a ela que a mente é rígida, mas a consciência é infinita, que somos imortais e que as muitas moradas de seu pai estão entre múltiplos universos existentes e inexploráveis, que nossa pequenina mente não compreende e não consegue alcançar. Precisaríamos de muitas idas e vindas aqui até que começássemos a expandi-la. Ela foi uma de suas escolhidas para passar seus conhecimentos, pois ele sabia de seu potencial e grande poder.

Pouco ainda sabemos de todo o conhecimento que lhes foi revelado, especialmente a ela, Maria Madalena. Como "eles" sempre fizeram, os perseguiram e os calaram, criaram grandes controvérsias, transformaram os apóstolos em santos, Jesus em um mártir, filho de Deus, e Maria Madalena em uma prostituta. Infelizmente todo o grande conhecimento que Jesus veio nos trazer, toda a verdade sobre quem somos, foi transformada em uma fábula religiosa. Atualmente há muitas controvérsias e nenhuma verdade absoluta quanto a Maria Madalena ser uma prostituta em sua época.

Entre banquetes dos grandes palácios e seus governos, a luxúria e o sexo entre reis, rainhas, escravos e concubinas era algo notório e aceitável, já para os camponeses, dentro da Torá, o sexo era somente para procriação, por meio do matrimônio.

Em contrapartida, os homens eram livres para ter relações com prostitutas, escravas e concubinas. O que poderia ser pior para uma mulher nessa época que carregar essa mancha em sua imagem? Eu creio, sim, que quando ela, Maria de Magdala, deixou tudo para trás e passou a seguir Jesus, levantaram-se a partir daí grandes julgamentos e até olhares maldosos. Mas com certeza isso não a incomodava, era um espírito livre, desapegado das coisas mundanas e materiais, assim como Jesus.

Entre as teorias, existem também estudos alegando que Jesus e Maria Madalena tiveram um relacionamento amoroso. O evangelho de Marcos diz que Maria Madalena teve dois filhos chamados Tiago e Salomé. Já o evangelho de Mateus diz que ela teve dois filhos homens, Tiago e José, e uma filha, a qual Marcos se refere como Salomé (https://pt.wikipedia.org/wiki/Evangelho_segundo_Marcos).

Alguns teóricos dizem que Jesus e Maria Madalena se casaram e tiveram filhos. Quanto mais buscamos respostas, dentro das muitas teorias, mais confusos e perdidos ficamos. É possível, sim, que Jesus e Maria Madalena tenham se relacionado e que tenham deixado seus descendentes, mas para mim não muda absolutamente nada entre os grandes ensinamentos, o grande legado que nos deixaram. A forma como o homem sempre lidou com a sua sexualidade é que a torna pecaminosa.

Conforme mencionei no capítulo anterior, nosso corpo é nosso templo sagrado.

Você só precisa tratá-lo com amor e respeito, assim como o seu próximo e todas as coisas. O que dizer desses dois grandes mestres? Eles sabiam de seus propósitos aqui e o mais importante legado que nos deixariam. O mundo está sempre em busca de santidade. O maior santo pode tornar-se um grande pecador e o maior pecador pode tornar-se santo. Nascemos e morremos dentro da polaridade, isso é imutável aqui. O que temos de mudar em nós é nossa conduta julgadora. Olharmos mais para dentro de nós mesmos e refletirmos sobre quem somos, como ser e o que desejamos alcançar nesta jornada.

· Se não mudarmos e não nos tornarmos melhores uns para com os outros, se não agirmos com respeito, compaixão e empatia, pararmos de tantos julgamentos, disputas, vinganças, medos e luxúria, tanta necessidade da matéria, jamais seremos livres. O maior de todos os caminhos para o autoconhecimento é e sempre será nossa mudança de conduta como ser. O primeiro grande passo é nos tornarmos melhores de dentro para fora, por meio de nossas atitudes, pensamentos e ações. Jesus diz que um de nossos piores demônios são os apegos, é preciso soltar para ser livre. Um deles é o medo. Nos apegamos às doenças, ao medo da morte, medo das mudanças, medo da falta e, assim, vamos nos condicionando e vivendo esses processos internos desde o nosso nascimento.

Compartilho com vocês uma de minhas muitas experiências sobre o medo, que se transformou em grande aprendizado. Neste ano surgiu em meu rosto uma bolinha, próximo à boca, notei que em alguns dias meu rosto amanhecia inchado, quente e vermelho. Percebi que todas as vezes que isso acontecia ela crescia, aumentava muito de tamanho. Fui ao médico, fiz exames e ele disse que não podia mexer e que deveríamos prestar atenção, cuidar. Eu notava que quanto mais eu tocava e cuidava, mais ela crescia. Então decidi parar e refletir sobre qual seria a lição ou aprendizado, já que todas as vezes que eu tomava um remédio que o médico tinha indicado, como uma pomadinha, ela sumia e em alguns dias voltava.

Quando fiz minhas reflexões, passei a entender que eu estava apenas dando poder e comando a ela. Quanto mais eu temia que ela voltasse, mais eu via que estava criando um monstro, dando poder. Veja, somos cocriadores, podemos manifestar tanto coisas boas quanto ruins.

Como disse Jesus, vigiai e orai! Temos de vigiar constantemente tudo o que desejamos. E como também ele dizia, ninguém vem ao pai senão por mim. Nele e em suas palavras está o caminho, as respostas e os segredos, os quais ele passou a Maria Madalena. Segredos muito bem guardados, porque somente ela estava pronta para absorver e passar adiante. Ele a ensinou a sair da Matrix do controle.

Quando parei de dar atenção à bolinha em meu rosto, ela simplesmente sumiu. Dá para entender que na maioria das vezes somos nós mesmos quem criamos nossos monstros, nossos demônios, dando poder a eles. Essa foi sem dúvida uma das lições que Jesus ensinou a Maria Madalena. Não dê poder! Lembre-se: sem poder, sem força. Sempre que surgir algo ruim, seja uma doença, dor ou qualquer coisa, não dê poder! Você é mais poderoso que qualquer energia externa que possa tentar derrubá-lo.

Olhe para dentro de você, entre na frequência do verdadeiro pai, o grande criador de todas as coisas, lá sempre estará o caminho da libertação. Volte-se para trás, aos seus antepassados, aos seus ancestrais, vá o mais fundo que puder, lá no início, quando tudo começou e você tornou-se, então, o primeiro sopro do pai. Sua alma livre na terra, num pequenino ponto de luz, totalmente puro e intocado pelo mal. Eram muitas pequenas chamas e você era uma delas. Se retroceder, vai encontrar pelo caminho todas as suas partes fortes, as melhores que ele lhe deu, e por fim encontrará com a sua chama divina e relembrará quem é. Ficará inteiro novamente e, assim, será livre, pronto para regressar para o seu verdadeiro lar.

Ao receber esta psicografia, esta mensagem, muitas informações ficaram claras em minha mente. Esse foi com certeza um dos grandes ensinamentos passados a Maria Madalena. Precisamos retroceder ao início para nos reconectarmos com nossas partes mais puras, nossa matriz, a chama crística, que nos levará ao verdadeiro caminho de volta para casa. Passarei a vocês o que tenho aprendido ao longo de minha jornada aqui e o que entendi e pude absorver dessas informações.

FILHOS DO AMANHÃ

O caminho 1 se inicia à medida que teremos de mudar nossas condutas. Para nos libertarmos dessa prisão, será inquestionável mudarmos como ser. Foi isso que Jesus entendeu em seus 40 dias no deserto. Ele passou por todos os seus demônios e os enfrentou até vencê-los. Passou por fome, medo, frio, desejos carnais, Arcontes e até pelo próprio Satanás. Ali ele entendeu que tudo aqui é somente matéria e se decompõe. E nada disso lhe pertencia mais. Em seus 40 dias, ele resgatou as suas melhores partes até chegar a alcançar sua centelha divina. Agora ele poderia voltar para a fonte, estava livre, mas sentiu-se tomado por um amor tão puro e incondicional que seu coração não conseguiu deixar para trás todas as coisas vãs e terríveis que ele havia presenciado aqui. Ele sabia o que aconteceria, sabia que seria perseguido e teria um trágico fim, mas como também já tinha vencido os seus piores inimigos, inclusive a morte, já não temia mais nada. Sabia que sentiria dores terríveis, mas passageiras. Ele precisava voltar para nos ensinar o caminho também.

Agora consigo entender melhor por que há tantos terapeutas ensinando a meditar, curando por meio das regressões, tantas e tantas curas existentes. A cada dia surge nas mídias uma nova técnica, uma nova cura. Mas a cura verdadeira, a maior e única, se estiver disposto, é a mudança interna, a começar pelos desapegos da matéria. Não podemos fazer como Jesus, Maria Madalena e os apóstolos fizeram. Muitos de nós precisamos trabalhar, temos as famílias e muitas coisas envolvidas, é claro. Mas a conduta é fundamental, fazer o certo, falar as verdades sem mentiras, calúnias ou julgamentos. Sem traições, ganâncias, querer se dar bem a qualquer custo, sem se importar em ferir o outro, falar mal pelas costas, tirar proveito, usurpar.

Aqui eu poderia citar tantas e tantas maldades que fomos aprendendo com esses seres trevosos, sem perceber, que quase precisaria escrever um outro livro. Por tudo isso é que o caminho de volta é único, somente seu, ninguém poderá fazê-lo por você. Todas as correções a serem feitas dependerão unicamente das suas escolhas e decisões. É tão maravilhoso quando estamos doentes, vamos ao médico, ele nos dá o remédio e cura a nossa dor, não é? Assim o terapeuta também serve de grandes ajuda em nossas curas, mas jamais conseguirá fazer o caminho por nós, para nos salvar, nos libertar. O médico faz o que aprendeu. O remédio fará a dor ou doença passar, mas não curará a raiz do problema. O terapeuta não poderá mudar a sua conduta, somente você poderá fazê-lo.

É claro que deve se perguntar: "Sendo honesto consigo mesmo, quais os padrões que preciso mudar ou posso melhorar?". Quantas vezes já ouviu alguém esbravejar ou até você mesmo já esbravejou "Estou com muita raiva" ou "Estou com ódio". Se soubéssemos o mal que estamos fazendo a nós mesmos e ao outro profanando essas palavras. Todas as palavras têm poder, emitem som, algumas têm comando e até decretos, dependendo do tom e da entonação com que falamos. Os sentimentos que carregamos ao pronunciá-las tornam-se puras vibrações, são altamente poderosas e destrutivas, o que para nossos piores inimigos, na verdade os maiores, os Arcontes, torna-se um grande manjar a ser degustado.

Não me agrada nem um pouco falar ou escrever sobre esses sentimentos carregados de negatividade atualmente, por finalmente entender o poder que existe por trás deles. Hoje sei que o que pode sair da minha boca como lanças afiadas e apontadas para o meu próximo pode também servir de alimento para os seres trevosos que nos aprisionam aqui. Outros exemplos perigosos a que muitos ainda estão apegados são os sentimentos de inveja ou ciúme. Às vezes podemos olhar para o outro e pensar "Por que isso não acontece comigo? Por que não tenho sorte?". Infelizmente não posso dizer sorte, mas, sim, você está alimentando a inveja ou o ciúme. Parou para pensar se está se esforçando o bastante, se está sendo uma boa pessoa de verdade? Agindo como ser merecedor?

A inveja é uma arma poderosa que também pode destruir sua conduta e servir de alimento para os negativos. São tantos apegos ruins que carregamos e alimentamos há tanto tempo que está na hora de soltarmos, deixarmos ir e ficar para trás em nossas vidas. Eu poderia ficar aqui dando a vocês milhões de exemplos que me foram passados, como a avareza, quer maior pobreza do que a própria avareza? São tantas falhas em nós que precisamos corrigir. Como poderemos resgatar nossa luz se não corrigirmos nossas falhas?

A cura dos antepassados parecerá um pouco difícil entender, mas não há outro caminho. Você precisa curar seu passado e resgatar suas partes uma a uma. São partes boas que ficaram aprisionadas lá atrás. São tantos os caminhos que já percorremos até chegarmos aqui. Muitos de nós estamos cansados. Apenas o que buscamos é voltar para casa. Estamos exaustos de tantas lutas e batalhas travadas. Algumas em campos de batalha e outras em nossas vidas modernas, ao acordar e ao adormecer.

Aguardamos com imensa gratidão e amor o dia de poder nos aconchegar ao coração amoroso do nosso verdadeiro lar, nosso criador. Temos também nossos descendentes e antepassados. Chegamos aqui trazendo uma extensa bagagem de informações em nosso DNA, nossa genética. Normalmente, quando vamos a um médico pela primeira vez, ele indaga sobre a saúde de nossos pais e avós, nossos antepassados. É claro que sempre trazemos algo genético, como pressão alta, depressão e, em alguns casos, até câncer.

E me pergunto o que mais temos em nossas cargas. Às vezes sabemos pouco ou nada de nossos avós, especialmente das gerações anteriores a eles. Como viviam, como eram suas personalidades, mas com certeza a sua linhagem também trouxe para a Terra sua força, seu poder e sua chama viva. Então, quando você se reconecta a eles, por meio da mais alta e poderosa chama do amor, por meio do seu coração, passa a enviar amor e perdão. Não importa saber exatamente quem foram, ativará suas chamas divinas e os ajudará a curarem-se também. Assim, eles compartilharão as suas forças com você e, finalmente, estará pronto para voltar a se reconectar com a sua fonte original. Eles serão como lamparinas acesas, iluminando seu caminho. Serão processos longos e difíceis. Para que você aprenda as lições, terá de tomar da taça um gole de cada vez. Pode, sim, buscar toda a ajuda possível, todo o conhecimento é importante, mas o caminho mais duro e difícil terá de fazê-lo sozinho, porque ele está dentro de você, por meio do seu coração, da empatia, do amor, do perdão e da compaixão por você, seus pais, familiares, antepassados e todos que fizeram ou fazem parte da sua existência. Eles de alguma forma o trouxeram até aqui. Mesmo aqueles que o prejudicaram ou lhe fizeram algum mal o ajudaram a crescer, ser quem é. Portanto, seja compassivo, envie muito amor, perdoe-os, perdoe-se e seja grato!

Será que os apóstolos entendiam essas lições, lá atrás, se ainda hoje a maioria da humanidade não conhece o verdadeiro amor, o amor incondicional? Ela, Maria Madalena, teria de passar aos poucos todas essas informações. Deveria ser como a taça, um gole de cada vez, para que a mente humana pudesse absorver. Jesus sabia que levaria ao menos uns dois mil anos até que começássemos a entender e aceitar. Era preciso que a mente se expandisse a nível de consciência, porque é o que somos! A meditação será uma chave muito importante para a ativação da pineal. Momentos de reclusão e reflexão, como ele mesmo fazia. Silenciar a mente e o corpo para poder ouvir seu ser interno. A alimentação também é fundamental para esse seu momento de transição. Açúcares, farinhas e carnes vermelhas, assim como enlatados e industrializados, são venenos para seu corpo e espírito. Alimente-se de frutas, verduras, legumes e grãos. Feche as janelas dos olhos e abra as da além-mente até alcançar sua consciência infinita, porque ela é a verdade sobre você, ela é você!

Serão escolhas a serem feitas, somente depende de você querer seguir a roda reencarnatória de idas e vindas ou, não, de tantas perdas, faltas, dores e sofrimento. Pense que há dimensões habitáveis, muito mais evoluídas e melhores.

42

A GLÂNDULA PINEAL

Não sei se já perceberam, mas em alguns prédios e construções antigas, especialmente na Europa, existem detalhes trabalhados em formato de pinha. Nossa glândula pineal está entre as sobrancelhas e sobre nosso nariz. Cientistas hoje estudam muito sobre ela, mas ainda a consideram um enigma. Ela é mais conhecida dentro da espiritualidade como nosso "terceiro olho". Eu a vejo como a chave para um grande conhecimento.

Os teóricos dizem que há muitos anos nos envenenam com flúor na água e em alguns produtos, como pasta de dentes, para calcificar a glândula e, assim, não nos lembrarmos de quem somos, para que não possamos acessá-la. Ela provavelmente é uma das chaves mais importantes a serem desvendadas pelo homem, para que possamos desenvolver mais profundamente nosso autoconhecimento.

Para os egípcios, a glândula pineal era considerada o olho de Hórus. Eles tinham grandes conhecimentos, sabiam certamente como acessá-la.

Muitos segredos e mistérios do passado foram ocultados de nós por "eles", os controladores. Os egípcios foram uma civilização muito avançada, com grande sabedoria. A sociedade era profundamente hierarquizada e um dos hábitos mais tradicionais de sua cultura era a mumificação dos seus mortos. Tinham uma economia próspera e um conhecimento científico avançado (https://brasilescola.uol.com.br/historiag/egipcio.htm). Os egípcios acreditavam na vida após a morte, também cultuavam seus deuses, entre eles Hórus, o mais poderoso. Por isso usavam o olho de Hórus para proteção, saúde, força e poder. Suas conexões com

Hórus se faziam por meio de sua pineal. Eles também usavam um tipo de óleo essencial entre as sobrancelhas, provavelmente para ativá-la (óleo de cedro).

Como narrei um pouquinho sobre minha experiência, nem sempre consigo acessá-la, mas sinto que quando estou muito feliz, vibrando alto e com o coração repleto de amor e compaixão, a mágica acontece.

Para mim, já aconteceu dessa forma algumas vezes. O caminho mais verdadeiro sempre será por meio da ativação do amor incondicional. Plenitude e amor, meditação, conduta correta, alimentação saudável, muitos legumes, frutas e verduras. Evite carnes, especialmente a vermelha, e bebidas alcoólicas. Detox físico e mental. Pensamentos altruístas e saudáveis. Exercite-se, busque o silêncio, a natureza. Faça reflexões sobre você e sua vida, seja grato por ela e tudo que o rodeia, mesmo as coisas ruins, elas sempre lhe trarão ensinamentos. O maior e mais profundo salto do conhecimento está na nossa conduta, ela deverá ser nossa nova consciência para que alcancemos os maiores e mais profundos níveis espirituais. Mente, corpo e espírito em perfeito equilíbrio e harmonia. Se seguir esses princípios e ensinamentos, encontrará a conexão mais profunda para o acesso ao conhecimento e, assim, à sua pineal.

43

MERKABAH

Você não terá de desencarnar para que isto aconteça. Poderá viver lá e aqui, mas será preciso o conhecimento que o ajudará a desenvolver a técnica. Muitos yogis e Dalai Lamas sabem como saírem de seus corpos, irem a muitos lugares e até mesmo driblar a morte, assim como Jesus o fez. Ele era um verdadeiro yogi. Os yogis são capazes de ficar vários dias em posição meditativa, sem dormir, beber água ou ingerir qualquer tipo de alimento.

Todo esse processo poderá ser feito por meio da mente. Sempre que tentei praticar yoga, não suportava aquela posição, já que meu corpo doía e não conseguia ficar nela por muito tempo. Agora eu consigo entender claramente. Quando não aquietamos nossa mente, nosso corpo fica relutante e dói. Eu digo a vocês, a meditação é um estado de contemplação divina. A melhor delas seria isolar-se na natureza em um lugar claro, limpo e silencioso. Você pode até tentar a posição do yoga caso se sinta bem e confortável. Eu gosto de fazer ao Sol, junto à natureza. Poderá até usar uma música, uma boa frequência, ou o silêncio, conectando e sentindo somente a vibração do todo ao seu redor. Poderá também criar sua Merkabah, seu corpo de luz, em formato de pirâmides. São duas, uma que vem de cima para baixo e outra de baixo para cima, onde se unem formando um veículo, o que na Bíblia é chamado de trono ou carro de Deus. Ela contém formas geométricas sagradas e o conduzirá fora do espaço e tempo da Terra.

Esse segredo da Merkabah me foi revelado há muito tempo. Ainda não se ouvia falar a respeito ou talvez muito pouco. Senti-me abençoada e até hoje procuro usá-la quando preciso. Lembro-me de que, logo que passei a meditar, posicionando-me dentro dela, eu a mentalizava, toda de cristal transparente, girava em direções contrárias uma da outra e emanava feixes de luz de todas as cores em todas as direções. Elas podem nos levar a muitos planos superiores, nos conectar com seres especiais e, também, mentores espirituais.

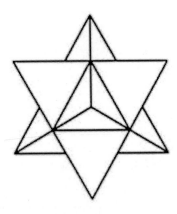

    Ela é considerada um dos símbolos da geometria sagrada, equilibra as energias entre o céu e a terra, traz o equilíbrio perfeito sobre feminino e masculino. Você terá de mentalizar-se dentro dela, como se fosse um veículo de transporte mesmo, que irá protegê-lo enquanto estiver meditando. Será o veículo que o levará até sua consciência infinita e por meio dessa viagem pelo cosmos poderá também conhecer muitos lugares celestiais. Isso irá requerer muita prática, mas posso dizer que valerá cada minuto de sua vida.

    A Merkabah tornou-se bastante conhecida entre místicos e estudiosos dessa prática. "Mer" significa luz, "ka" significa espírito, "bah" significa corpo. A Merkabah serve como corpo de luz para elevá-lo a dimensões superiores. A Merkabah, quando a recebi, foi como um presente divino, lembro que assim que passei a mentalizá-la em minhas meditações, tive experiências inexplicavelmente maravilhosas. Lembro-me de uma vez em que estava passando por um momento bem difícil financeiramente, assim como algumas outras questões familiares. Era um sábado muito agradável de inverno, o dia estava lindo, então sentei-me ao Sol, em silêncio, e fiz a minha prática da visualização. Não sei nem posso descrever até onde eu fui, a única coisa que lembro é que me via tomada de luz, tudo vibrava e era luz.

Senti-me como se inflasse meu peito, meu coração. Simplesmente eu era nada e era tudo, o amor mais absoluto e incondicional que jamais havia imaginado sentir. Era como se meu corpo vibrasse e irradiasse luz, é quase difícil descrever. Quando por fim retornei, chorava torrencialmente, porque meu ser estava tomado de amor e emoção, era como se tudo estivesse em perfeita ordem e harmonia. Eu sentia que o criador estava lá em todas as coisas e tudo era perfeição. A partir de então, passei a fazer mudanças e escolhas muito melhores em minha vida, e uma delas foi muito importante, aprendi a parar de viver no medo da falta. Agora eu sabia que existiam coisas muito maiores e melhores que movem nosso mundo, apenas precisamos aprender a conectá-las. Existe um único caminho e é somente por meio do amor verdadeiro, o amor incondicional.

44

O PODER DAS CORES

Gostaria de dar a vocês também uma breve pincelada sobre as cores. Cores têm um forte significado em nossas vidas. As cores com que nos identificamos mais em algumas fases de nossas vidas representam muito como andam nossas emoções.

Elas também são carregadas de energia, frequência e vibração. Por exemplo, se você tiver uma perda familiar, naturalmente aqui, no Brasil, e em alguns outros países, iríamos usar cores escuras, como o preto e o cinza. Caso esteja passando por um momento difícil, esteja depressivo ou não esteja bem emocionalmente, instintivamente irá partir para as cores escuras, como o preto ou tons de cinza. Com certeza, as cores falam sobre seu estado emotivo.

É claro que essas cores escuras também podem representar sobriedade e requinte. Em alguns casos, se você vai a uma entrevista de emprego e, às vezes, até a uma festa ou jantar formal, o preto pode proporcionar um visual chique, mas se sua energia estiver baixa, também vai baixar muito o poder da cor para essa ocasião. Melhor dividir as cores, quebrar com a cor branca ou violeta – o branco traz paz e o violeta, nobreza, sabedoria e respeito. São cores muito usadas dentro da espiritualidade, pelos grandes mestres alquimistas. A cor violeta é a cor da transmutação, a cor azul também está bastante ligada à cor da espiritualidade. Ela transmite equilíbrio, harmonia, mas também está associada à seriedade.

Por isso muitas empresas e ambientes corporativos gostam de utilizá-las. Os quartos azuis foram considerados os melhores para a qualidade do sono, isso porque possuímos receptores especializados, chamados de células ganglionares da retina, na parte de nossos olhos, que são mais sensíveis à cor azul (https://marjan.com.br/blog/qual-a-melhor-cor-para-dormir-bem/). Mais um detalhe sobre a cor roxa ou violeta, que esqueci de citar, é que ao mesmo tempo, além de ser uma cor intensa, pode nos acalmar, ela nos encoraja e nos inspira.

Já a cor amarela está associada à alegria, à prosperidade e à riqueza. Associa-se à cor do ouro. Uma ótima cor para alegrar nossa vida, nosso humor e autoestima.

O vermelho sabemos que é conhecido como a cor de alerta, a cor do perigo, usado como sinal de emergência em muitos lugares como hospitais e lugares públicos. Por outro lado, representa fortemente, também, a espiritualidade dentro de algumas religiões e cultos de magia. Desperta a paixão e a sedução. É uma cor carregada de fortes emoções, como agressividade, ansiedade, fome, coragem, energia e calor.

A cor verde também carrega muitas energias boas e positivas. É a cor da cura, ela transmite saúde, esperança, leveza, equilíbrio. É a cor da natureza. Essa é com certeza uma cor que nos energiza o tempo todo, além de nos acalmar.

A cor rosa, por ser uma cor mais delicada, está associada ao feminino, ao amor e à inocência. Na espiritualidade, ela é a cor que representa o amor incondicional, assim como o quartzo rosa, muito usado para esse despertar.

A cor laranja é mais quente, ela transmite dinamismo, confiança e entusiasmo, também transmite alegria. Não usar em excesso, pois pode causar ansiedade.

A cor marrom transmite os tons da natureza, os tons da terra, também é considerada uma cor mística, especialmente quando usada com o amarelo, como monges tibetanos e indianos vestem-se. Ela é uma cor forte e sólida. Transmite seriedade e força.

Mais uma vez, gostaria de salientar a cor preta. O preto na verdade é a ausência da cor, mas podemos sentir em alguns momentos, situações ou lugares a densa e pesada energia que ela provoca. Uma casa suja e escura, por exemplo, ou um funeral. Espiritualmente, também é uma cor mística, usada em rituais de magia negra. Sim, as cores falam por si só, elas transbordam sentimentos e emoções, nossas tristezas e alegrias.

O branco, por sua vez, nos traz paz, leveza e espiritualidade. Ela é a inversão da cor preta, porque nos remete à luz. Algumas pessoas e lugares escolhem a cor branca para a passagem de ano. O desejo é que traga um novo ano de paz e harmonia.

A cor cinza, espiritualmente, eu a considero a cor da melancolia. Quase tão pesada quanto o preto. Não é à toa que quando o dia está escuro e nublado dizemos que está cinzento e triste. Por outro lado, existem nas cores várias tonalidades. Se usarmos um tom de cinza mais claro em algum ambiente da casa, realçando com outra ou outras cores, podemos transformá-lo em um local elegante ou até alegre. Portanto, não podemos esquecer que elas também são energias vivas e precisamos tomar bastante cuidado e atenção ao uso, porque são carregadas de energia e vibração.

Podem nos transmitir explosões de alegria, medos, raiva e tristezas. Basta olhar para o mar, uma cachoeira, uma mata verde, o céu. Como você sente esta energia e suas cores? Depois olhe seu quarto, sua casa, seu armário, suas roupas. Pense se não está na hora de mudar sua frequência e colocar mais vida, alegria e cor em sua vida.

45

REIKI: ENERGIA VITAL

Reconhecido pela Organização Mundial da Saúde, o Reiki é oferecido pelo Sistema Único de Saúde como uma política nacional de práticas interativas e complementares, como yoga, arteterapia, meditação, entre outras (https://www.gndi.com.br/blog-da-saude/conheca-os-beneficios-do-reiki).

Reiki é o equilíbrio da energia pelas mãos (https://www.gndi.com.br/blog-da-saude/conheca-os-beneficios-do-reiki#lkasu-0).

Criação: o Reiki foi sistematizado por Mikao Usui, decorrente de seus estudos de práticas de cura e suas experiências de 21 dias de jejum e meditação no Monte Kurama. Chujiro Hayashi foi estudante de Usui e desenvolveu uma forma mais simples de Reiki, que teve a aprovação de Usui (https://namu.com.br/portal/o-que-e/reiki/).

O Reiki é uma energia universal. Atualmente a prática é utilizada em várias partes do mundo. Qualquer pessoa, tendo algum conhecimento, pode aplicá-la, assim como recebê-la. Ela auxilia como uma excelente ferramenta de cura e equilíbrio.

Existem hoje alguns níveis a serem aprendidos dentro do Reiki: nível 1, nível 2, nível 3 e o último nível, que poderíamos chamar de mestrado, quando estamos aptos para preparar novos reikianos. Bem, a técnica consiste primeiramente em aprendermos os seus princípios.

Só por hoje não eleve sua raiva, tenha calma; só por hoje não ceda às preocupações, confie; só por hoje expresse sua gratidão por todas as bençãos; só por hoje trabalhe arduamente sua própria transformação; só por hoje manifeste bondade, compaixão, amabilidade para com todos os seres (https://ibrate.edu.br/blog/beneficios-e-principios-do-reiki/).

Esses seriam os primeiros princípios fundamentais para um iniciado. O próximo passo, bastante importante também, é entender o significado da palavra: Rei = sabedoria de Deus ou poder superior e Ki = a energia universal, é uma terapia energética de origem japonesa que tem como objetivo revitalizar a energia e o estado global do indivíduo (https://www.advancecare.pt/para-si/blog/artigos/afinal-o-que-e-o-reiki).

Quais os primeiros e principais símbolos do Reiki?·

Sei He Ki – trabalha o campo emocional, vícios e compulsões.

Hon Sha Ze Sho Nen – atua no campo mental, podendo agir no passado, presente e futuro.

Dai Ko Myô – trabalha no corpo espiritual.

Cho Ku Rei é o primeiro símbolo que recebemos como iniciantes, no nível 1. Ele é um símbolo ligado à terra e ao poder do universo. Ao acessá-lo, estamos nos conectando com a força e a energia universal. Então o passo a passo para esse primeiro nível seria, nos dias de estudos e iniciação, comer alimentos leves, não comer carnes, especialmente vermelhas, nada de bebidas alcoólicas ou cigarros. Mantenha uma alimentação leve, com frutas e verduras, e beba bastante água. Medite e, sempre que for ativar o símbolo, lave bem as mãos antes e após. Procure manter essa postura tanto para aplicar quanto para receber.

O nível 1 pode ser tanto autoaplicado como você poderá aplicá-lo em amigos próximos, filhos, parentes e animaizinhos de estimação. Também podemos aplicá-lo em alimentos e até mesmo em nossas plantinhas. Sempre que sentir que algo ou alguém próximo não está bem, use essa energia poderosa, com gratidão, amor e respeito. Somente assim irá sentir o resultado e a cura.

O *Cho Ku Rei* diz-se que é o símbolo do Reiki, que representa a energia cósmica vital. O símbolo deve ser desenhado apenas no sentido anti-horário. É usado para diversas finalidades, inclusive no início e final de uma sessão de Reiki (https://nuryahan.com.br/afinal-o-que-e-e-como-atrair-energia-positiva/).

Para iniciarmos uma aplicação, primeiramente oriento a fazermos algumas respirações com a mão no nosso plexo solar, pelo menos 10 a 15 vezes, inspirar e respirar até sentirmos leveza e equilíbrio. Depois podemos desenhar o símbolo na palma das mãos, buscando a profunda conexão com a nossa divina presença. Embora o Reiki não seja uma religião, é sempre importante nos prepararmos com mantras, orações e meditação. Após essa preparação, vamos friccionar as mãos entre si, para criarmos o fluxo de energia. A seguir iniciamos com o chacra coroa, localizado no topo da cabeça. Esse chacra está ligado à espiritualidade. O segundo chacra seria o frontal, localizado entre as sobrancelhas. É o chacra do terceiro olho, a intuição. O terceiro chacra é o laríngeo, localizado na garganta, o chacra da comunicação, da fala. O quarto chacra é o cardíaco, que representa o chacra do amor e da compaixão, localizado no coração. O quinto chacra é o chacra do plexo solar. É o chacra da troca de energia e, também, do ego, acima do umbigo. O chacra sacral seria o sexto chacra, que fica localizado abaixo do umbigo. É o chacra relacionado à energia vital e sexual. O chacra básico é o chacra relacionado à estabilidade e sobrevivência. Está localizado na base da coluna.

Um a um, você irá trabalhá-los com a imposição das mãos, mentalizando o símbolo e a cura. Ao iniciar, não esqueça de ir friccionando as mãos e repetindo o nome do símbolo. Aplique na frente e nas costas também. Essa aplicação deverá durar em torno de cinco a 10 minutos em cada um dos chacras. Você irá sentir no momento da aplicação a necessidade de cada um. Mas antes de dar início a esse processo, não esqueça dos 21 dias de iniciação, tendo os devidos cuidados com sua alimentação, higiene mental, meditação, orações e mantras.

E mais uma vez devo salientar que um dos mais importantes, senão o maior propósito para o acesso desse símbolo, dessa energia, é o amor incondicional.

46

CONSCIÊNCIA: A GRANDE ALQUIMIA

Não mudaremos as cores da alma se não buscarmos nossa elevação!

A grande alquimia será um processo profundo de cura e transformação, que só irá manifestar-se em nós ao fazermos a viagem de retorno ao começo, ao princípio de quem somos, de onde viemos e de nossa evolução. Infelizmente esquecemos quem éramos quando chegamos aqui. Luz, éramos luz. Fomos esquecendo o que somos e quem somos e que éramos ligados à grande fonte-mãe, pai (o grande criador). A cada jornada de idas e vindas dentro da roda do Samsara, à qual estamos aprisionados, fomos perdendo nossa verdadeira alquimia, nossa luz e nossos poderes. Na verdade, aos poucos foram sendo apagados e projetados em nossas mentes todas essas emoções e vícios destrutivos que carregamos em nossos registros e lembranças, crenças destrutivas, medos, culpa e morte. O caminho regressivo será somente para lembrarmos quem somos e podermos reativar a chave de nossa consciência infinita.

A chave de todo o poder está em nossa consciência. Precisamos reativá-la, religar, para então retornar ao caminho evolutivo. Como viemos nos impregnando de lá para cá de tantos lixos astrais, materiais, emocionais, energéticos e humanos, fomos bloqueando a nossa fonte divina. Muitos de nós nos tornamos perversos, malvados, agressivos e destrutivos. Todo esse mal e esses venenos que nos foram sendo acrescentados com o passar do tempo nos afastaram de nosso verdadeiro propósito e conhecimento aqui.

O que recebo de meus professores espirituais é que será necessário nos moldar, burilar como pedra bruta, passar pelos processos internos, profundos. Curar nossas feridas, resgatar a consciência do bem que está em cada um de nós. Sem esse retrocesso não haverá avanço. A mente nos aprisiona, a consciência nos liberta. Estamos ligados em nossas consciências, mas vivemos em nossas mentes.

Em outras palavras, nossas mentes estão mais a nível físico e material, já nossa consciência é o que nos eleva à infinita fonte da sabedoria crística universal. Vou dar o exemplo de um carvalho. Por ser uma madeira bastante resistente e duradoura, é muito usada na construção de barcos, residências e indústrias. Sua árvore sobrevive cerca de 500 a 1.000 anos. Se fôssemos construir uma casa ou um barco, ele teria de passar por todos os processos, desde a poda dos galhos e folhas, o corte, as duras lixagens até criar as formas desejadas.

Para atingirmos a nossa luz, nós também precisamos tirar as grossas crostas e resíduos impregnados em nossas mentes e, assim, chegarmos às nossas consciências. Quanto mais lixamos e polimos, mais brilho e luz teremos, mais clareza e leveza. Infelizmente, para sairmos desta Matrix em que nos encontramos, haverá somente um caminho.

Devemos trilhá-lo incansavelmente até que, por fim, possamos alcançá-lo e acessar nossa consciência, nela está a porta para nossa libertação.

Foi assim que todos os grandes mestres fizeram para alcançar a iluminação. Jesus foi para o deserto por 40 dias e 40 noites.

Siddharta Gautama criou o budismo, doutrina religiosa, filosófica e espiritual em que os seguidores aprendem a desapegar-se de tudo o que é transitório. Pregava que "o ódio não termina com o ódio, mas com o amor". Buda não queria ser conhecido como um deus. Algumas informações sugerem que Buda alcançou a iluminação aos 49 dias de meditação. Já outras fontes sugerem que foi do sétimo ao oitavo dia de meditação (https://viajarparaindiablog.wordpress.com/2015/03/07/passos-de-buda/). Sabemos que a meditação é um dos caminhos que nos levará ao despertar, mas existe toda uma jornada a ser percorrida. Temos de estar preparados para conviver com nossos silêncios e solidão, isolamento.

A cada avanço que fizermos em nós, devemos ter a consciência e a responsabilidade de que nos tornaremos responsáveis pelo despertar de nosso próximo também. A nossa consciência é como uma imensa fonte de energia vibrando em alta frequência, quando suavemente conseguirmos deslizar até ela, seremos tocados por ondas de amor imensuráveis. Tudo o que você possa ter vivido ou sentido até aqui não será o suficiente para descrevê-la. Jamais conseguirá retornar ao que foi, pois agora tornou-se o que é, o seu verdadeiro eu!

Ao atingir esse patamar, estará inteiro, completo novamente. Deve estar pensando: "Isso é impossível, não é para mim". Sim, é para todos nós, todos podemos e devemos buscar e alcançar esses níveis de consciência, porque estamos ligados e conectados à grande fonte e isso é imutável, O que cria a barreira é somente sua mente, desclassificando e desmerecendo o ser divino que habita em você.

Pense em Deus como a consciência criadora de todas as coisas, abra-se para o infinito, a plenitude e perfeição. Pois ele é o criador e a criação! Todos somos deuses!

47

DESPERTANDO O COCRIADOR

Bem, agora que muitas estradas foram percorridas até aqui, vamos falar um pouquinho sobre o poder da cocriação.

Perceberam que esse é um dos assuntos mais citados pelas mídias? É como se a humanidade de repente estivesse despertando seus poderes e isso a levará às grandes fortunas, caindo em suas contas bancárias magicamente, basta apenas ficar verbalizando frases diariamente, mesmo sem gratidão ou mérito.

Parece extremamente fácil, não é? Sem necessidade de aprendizado algum ou de termos de curar nossas feridas. Se não temos asas para voar, como poderemos chegar ao cume da montanha? Infelizmente a humanidade está na busca do imediatismo, tudo precisa ser hoje, agora.

Primeiramente precisamos aprender a ressignificar e cocriar nossas histórias. Quem somos nós nesta jornada e o real sentido de nossa existência terrena. Isso não significa que você não seja um cocriador. Você é mais do que possa sua mente pequenina alcançar, todos somos! Apenas muitos de nós ainda não estão despertos.

Esta noite, antes de dormir, pedi a "Yeshua Jesus", como estou finalizando o livro, se este é o caminho correto e, caso tivesse mais informações que eu precisasse passar, que ele me orientasse. E, sim, recebi em sonho, na verdade era muito real. Então ele mostrou que em nossa nuca temos um chacra, que nos leva a portais (seriam 12), ele falou algo como pilares ou portais.

Mostrou-me algo assim, inicia-se na nuca formando um círculo em volta de nossa cabeça. Cada círculo representa um portal, até que o último finaliza no chacra coronário. Esse seria o portal que nos eleva à consciência criadora, mas para que possamos verdadeiramente alcançá-la, o que ele chamou de a grande galeria, precisamos vencer as 11 dádivas, foi assim que ele as chamou.

Não seria nada fácil ultrapassar, porque os "Arcontes" guardam esses portais. Também citou que, além de guardá-los, eles entram e saem o tempo todo. Como se consideram os guardiões, eles têm livre acesso. Acontece que quando estamos atingindo algum nível, ou alguma das dádivas, eles entram no portal para tentar atrasar o processo. Por exemplo, você chegou até o pilar da verdade, então seu papel atual será buscá-la, não aceitando nada menos que esse propósito. Agora você sente isso no coração, a verdade é fundamental em sua vida. Esse portal que está em seu mental será invadido por eles o tempo todo tentando implantar mentiras, dúvidas, tudo isso para que não se eleve e não consiga sair dessa Matrix. E assim sucessivamente é como funciona em cada um dos portais. Portanto requer conhecimento, prática diária, persistência e sabedoria. Porque eles tentarão manipulá-lo até que, por fim, você desista. Infelizmente essa é a grande fraqueza humana e eles a conhecem muito bem!

Mas entendi que se conseguirmos alcançar as 12 dádivas, estaremos livres da Matrix. Entendi que dádivas são presentes que nos foram concedidos pela grande fonte criadora. A meu ver, a maior e mais poderosa, eu a classificaria como a dádiva número um e somente ela abrirá o portal dos 12 pilares. Seria a grande chama divina, a chama crística do amor incondicional.

Bem, vamos começar pelo primeiro pilar, que se inicia em nossa nuca.

A primeira grande dádiva é a capacidade de perdoar nossos piores inimigos.

Segunda dádiva: o poder da compaixão pelo nosso próximo, nosso irmão.

Terceira dádiva: a fé, não como uma fé religiosa, mas a fé em quem somos e nas grandes mudanças que podemos realizar.

Quarta dádiva: o silêncio. Quando silenciamos podemos nos ouvir, ouvir nosso coração e, também, podemos ouvir a voz de Deus.

Quinta dádiva: a verdade será algo crucial para atingirmos os próximos passos. Não somente a verdade do que cremos, mas de quem somos.

Sexta dádiva: a empatia, que é nos colocar no lugar do outro, sentir a dor ou alegria do outro como se fosse nossa.

Sétima dádiva: a justiça, que, assim como a verdade, é um pilar essencial para alcançar a fonte da iluminação.

Oitava dádiva: respeito, é o que devemos ter pelo próximo, por nós e todas as coisas. Respeito pelas dádivas recebidas.

Nona dádiva: humildade, não significa humilhar-se, mas entendermos que mesmo diante de riquezas, bens materiais, conhecimento, todos somos um diante do pai, somos todos iguais.

Décima dádiva: o conhecimento. Este é sem dúvida um grande presente que nos foi dado, pois ele será um dos mais importantes pilares que nos guiará até a iluminação.

Décima primeira dádiva: a sabedoria. De que nos servirá todo o conhecimento adquirido até aqui se não tivermos a sabedoria para usá-lo?

E, por fim, como falei no início, o décimo segundo pilar é adentrar as galerias da grande consciência infinita, por meio da maior de todas as dádivas, o maior presente, o amor incondicional. O caminho da iluminação e da libertação!

Quando estiver pronto e alcançar esses pilares de compreensão e entendimento espiritual, irá atingir seus níveis de evolução, poderá cocriar com Deus. Assim como "Yeshua Jesus" andou sobre as águas e ordenou que elas se acalmassem, ressuscitou Lázaro e tantos outros feitos, como o milagre do vinho e dos peixes, você também estará apto para atingir todo o seu potencial de cocriador. Entenda, você não poderá pular etapas, beber todo o conhecimento como se fosse uma taça cheia, em um único gole.

Leia esses ensinamentos que me foram passados do início ao fim. Siga as coordenadas com a mente aberta. Posso dizer a você que eu mesma já tenho operado alguns pequenos milagres por meio da cocriação. Sei que o caminho a percorrer ainda será longo, mas o meu maior propósito e desejo é seguir em frente e despertar o maior número de pessoas a quem eu possa alcançar.

Questione, questione-se sempre. Busque a verdade e siga seu coração!

Seja grato sempre! Seja a luz que você é!

48

DECRETOS E ORAÇÕES DIÁRIAS

Antes de finalmente concluir, quero deixar algumas afirmações diárias, faça-as com amor, porque elas também serão chaves que abrirão o caminho.

Ao acordar pela manhã, a primeira coisa que faço são minhas orações diárias.

Faça ao menos de 10 a 15 minutos diariamente. Eu pratico o Salmo 91, meditação por 10 minutos, orações de gratidão, proteção, cura e abundância.

Exemplo de afirmações:

Eu sou luz;

Eu sou paz;

Eu sou amor;

Eu sou saudável;

Eu sou abundância;

Eu sou a luz crística;

Eu sou a verdade crística;

Eu sou a consciência crística.

Repita cada uma delas por três vezes.

Costumo fazer algumas orações pela cura do planeta, pela cura da humanidade. Sempre que pedir algo de bom para você, peça também para todos. Isso irá reverberar no universo e intensificar seu pedido, sua oração. Quanto ao poder de uma oração diária, ela funciona como mantras poderosos. Quanto mais praticar, mais força e poder terá.

Acredite, orações já curaram muitas pessoas, assim como as tiraram de perigos, de riscos de vida e alcançaram bençãos a muitos. Sim, oração também tem poder!

E, para finalizar, gostaria de agradecer de todo o meu coração a oportunidade e permissão que recebi para passar adiante esses conhecimentos. Neste momento, um grande sentimento de plenitude tomou conta de meu espírito. Sinto-me fortemente abençoada!

Somente gratidão a todos os meus mestres!

Com amor incondicional! Grata por ser quem sou!

Rubih Machado

Pai, mãe!

Que estás no céu, na Terra e em todos os lugares. Santificado seja teu nome, venha a nós os teus reinos de amor e misericórdia.

Seja feita a tua vontade, não a minha, pois sabes bem o meu melhor caminho.

És aquele que me supres do alimento da fé e do amor, garantes a saúde de meu corpo e a sanidade de minha mente todos os dias.

Perdoa nossas faltas, ofensas, medos e dificuldades, pois também temos de aprender a perdoar a todos os nossos irmãos de jornada, de todas as raças, crenças, credos e religiões.

Pois tu és o amor maior, o alfa e o ômega, e assim sempre o serás! Amém.